LA CROIX ET L'ÉPÉE.

BLOIS. — TYPOGRAPHIE HENNEUCE ET JANNIN.

LA
CROIX & L'ÉPÉE

RÉCITS

DE LA GUERRE D'ORIENT.

CAMPAGNES DE 1854 ET 1855.

PARIS

LOUIS VIVÈS, LIBRAIRE-ÉDITEUR

23, RUE CASSETTE, 23.

—

1856.

AVANT-PROPOS.

Ce livre sur la guerre d'Orient a été écrit par l'armée française. Généraux, officiers, soldats, y racontent eux-mêmes leurs travaux, y expriment eux-mêmes leurs sentiments. Nos Sœurs de Charité et nos aumôniers y figurent comme ils ont figuré au camp, à la tranchée, à l'ambulance, à l'hôpital. Nous nous sommes à peu près bornés, en effet, à recueillir les lettres et certains détails publiés par les journaux. Le lecteur trouvera cependant quelques faits nouveaux que nous tenons de source sûre ; mais ils sont en petit nombre.

En recueillant ces belles pages, nous n'avons pas songé à faire une histoire ; nous avons voulu donner des *récits* et mettre dans tout son jour l'esprit profondément chrétien de l'armée française. Fallait-il arranger et réviser ces récits ? Nous ne l'avons pas cru. Tout arrangement semblable ne pouvait qu'affaiblir la portée de l'œuvre. L'intérêt n'y aurait pas beaucoup gagné, la sincérité et l'autorité y eussent beaucoup perdu. Ces lettres écrites à une mère, à des parents, à des amis, ont une beauté que toute préparation littéraire, méritât-elle ce nom, leur enlèverait. Celles dont on n'a pas fait connaître les auteurs perdraient leur caractère d'authenticité si on ne leur conservait pas le cachet d'origine. On voit dans toutes le cœur même de celui qui parle, et comme ces cœurs sont haut placés, il y a là une source de grandeur et d'émotion que rien ne peut suppléer.

D'ailleurs, d'autres ont fait déjà et d'autres feront encore l'histoire de la guerre d'Orient. Il y en aura pour tous les goûts. Nous donnons surtout ici un recueil de documents. Ces documents n'appartiennent pas seulement à l'histoire de la campagne de Crimée, ils font partie de l'histoire de la France et de l'Eglise. Dispersés dans les journaux ils pouvaient se perdre, bien que publiés à des milliers d'exemplaires. Nous les avons recueillis pour l'honneur de notre armée et aussi pour qu'ils rendent un témoignage que chacun devra écouter et respecter.

Toute notre tâche a donc consisté à grouper ces récits dans l'ordre des événements, à les relier les uns aux autres, à y joindre quelques détails sur les opérations militaires et sur l'organisation matérielle de l'armée , de telle sorte que le lecteur pût facilement suivre les incidents variés de la guerre et assister au travail qui s'accomplissait dans les âmes. En un mot nous avons voulu éviter une confusion qui eût détruit l'intérêt ; mais nous n'avons pris la parole qu'autant qu'il le fallait pour rendre plus saisissants et plus fructueux les grands exemples que nous rapportions.

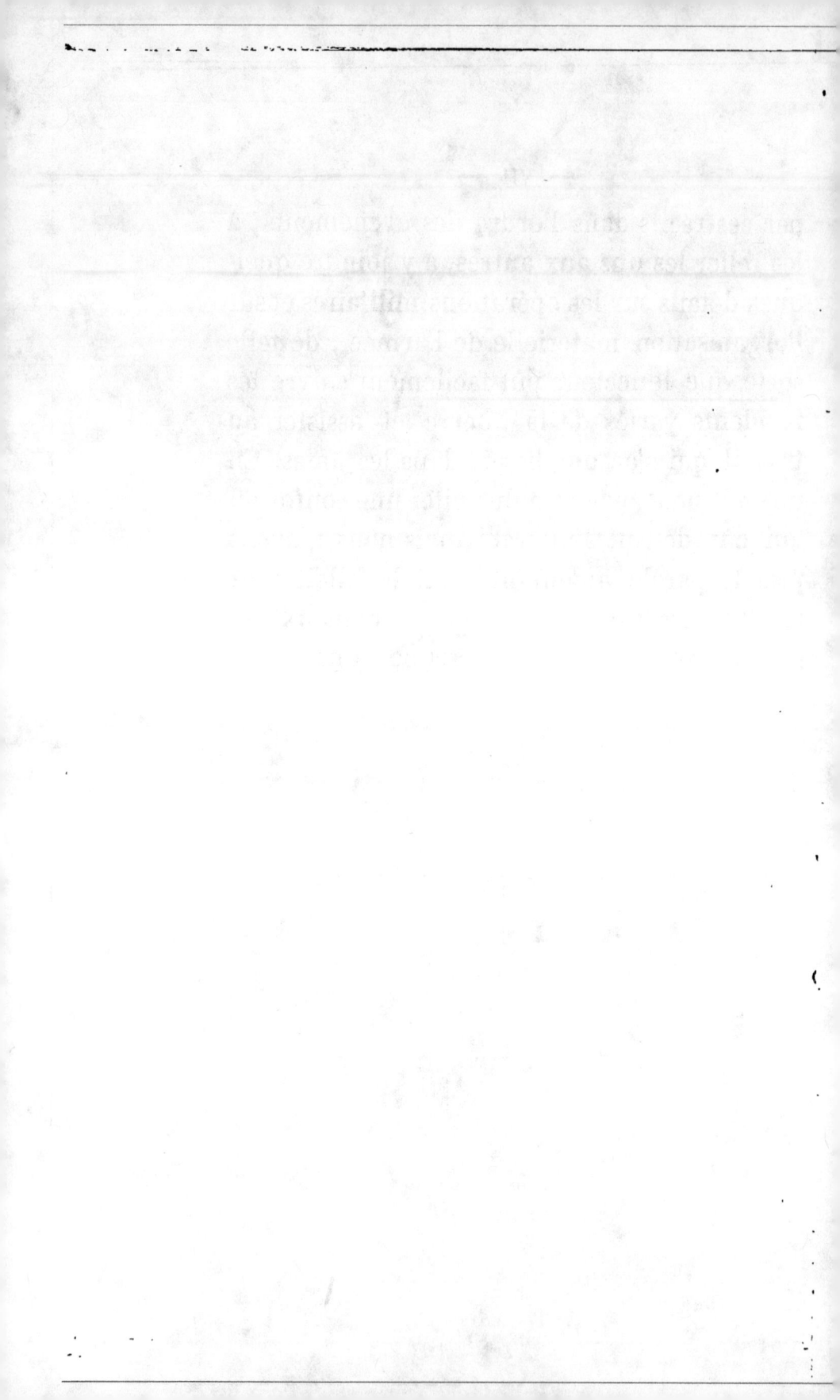

CHAPITRE Ier.

LA PREMIÈRE CAMPAGNE DE CRIMÉE.

CAUSES DE LA GUERRE.

Le 29 janvier 1854, l'Empereur des Français adressait à l'Empereur de Russie une lettre où il faisait un dernier effort pour empêcher la guerre d'éclater. Napoléon III exposait les causes et le caractère du conflit qui s'était élevé entre la France et l'Angleterre d'une part, et la Russie de l'autre, au sujet de la Turquie ; il indiquait les moyens propres à écarter les dangers qui menaçaient le repos de l'Europe, et terminait sa lettre par un appel cordial à la générosité et à l'humanité du Czar Nicolas. Il faut citer quelques lignes de ce mémorable document afin de mieux faire comprendre tout ce que nous avons accompli depuis lors et de

1

montrer combien l'orgueil russe a déjà été frappé.

« Votre Majesté, disait Napoléon III, a donné tant de preuves de sa sollicitude pour le repos de l'Europe. Elle y a contribué si puissamment par son influence bienfaisante contre l'esprit de désordre, que je ne saurais douter de sa résolution dans l'alternative qui se présente à son choix. Si Votre Majesté désire autant que moi une conclusion pacifique, quoi de plus simple que de déclarer qu'un armistice sera signé aujourd'hui, que les choses prendront leur cours diplomatique, que toute hostilité cessera et que toutes les forces belligérantes se retireront des lieux où des motifs de guerre les ont appelées?

« Ainsi les troupes russes abandonneraient les Principautés et nos escadres la mer Noire. Votre Majesté préférant traiter directement avec la Turquie, elle nommerait un ambassadeur qui négocierait avec un plénipotentiaire du Sultan une convention qui serait soumise à la conférence des quatre puissances. Que Votre Majesté adopte ce plan, sur lequel la Reine d'Angleterre et moi sommes parfaitement d'accord : la tranquillité est rétablie et le monde satisfait. Rien, en effet, dans ce plan, qui ne soit digne de Votre Majesté, rien qui puisse blesser son honneur. Mais si, par un motif difficile à comprendre, Votre Majesté opposait un refus, alors la France, comme l'Angleterre, serait obligée de laisser au sort des armes et aux hasards de la guerre ce qui pourrait être décidé aujourd'hui par la raison et par la justice. »

Ces propositions laissaient intactes toutes les possessions de la Russie ; elles maintenaient la suprématie de sa flotte dans la mer Noire. L'empereur Nicolas les rejeta.

Aujourd'hui Anapa, Kertch, Eupatoria, Kinburn et dix autres forteresses des provinces orientales de l'Empire russe sont tombées sous nos coups. Sébastopol, la ville importante entre toutes, la reine de la mer Noire, n'offre plus que des ruines ; la flotte russe, si fière autrefois et si menaçante, est complètement détruite. Les armées du Czar ont été battues dans cinquante combats ; elles ont perdu quatre batailles : Alma, Balaclava, Inkermann, Traktir. Si la guerre continue, la campagne de 1856 nous donnera le reste de la Crimée. Il avait fallu cinquante ans à la Russie pour la conquérir.

Au nord Bomarsund n'est plus, Sweaborg a été bombardé avec plein succès, et la flotte russe de la Baltique n'a pas osé depuis deux ans quitter les ports où elle se cache.

Rappelons sommairement les dates les plus mémorables de cette première partie de la guerre d'Orient.

Sébastopol a été pris le 8 septembre 1855, fête de la Nativité de la sainte Vierge. Le maréchal Saint-Arnaud s'était embarqué pour la Crimée le 6 septembre 1854. Que de grandes choses accomplies en un an! Le 14 septembre les armées alliées débarquaient à Old-Fort près d'Eupatoria ; le 16 elles marchaient à l'ennemi, le 20 elles le battaient à l'Alma, et sa défaite était prompte et complète, bien qu'il occupât des positions jugées presque imprenables. La route de Sébastopol était libre ; nous nous établissions devant cette ville le 26 septembre ; dès le 4 octobre nos premières batteries étaient placées, et nous commencions l'attaque régulière des fortifications ennemies.

Le maréchal Saint-Arnaud mourut le 28 septembre, au moment où la France apprenait la victoire de l'Alma ; ce malheur ne pût atteindre le moral de nos troupes. Elles voyaient dans le général Canrobert le digne successeur du chef qu'elles perdaient.

Le siége commençait à l'entrée de l'hiver ; c'était une tentative hardie et que bien des gens trouvaient téméraire, sinon insensée. Les Russes comptaient sur la pluie, le vent, la neige et la glace pour nous vaincre. Il semblait difficile, en effet, qu'une armée composée en grande partie de jeunes soldats, qui faisaient leur première campagne, fût de force à supporter les privations, les souffrances, les rudes travaux qui attendaient les troupes alliées. Cette redoutable épreuve fut traversée.

On eut, sans doute, de cruelles difficultés à vaincre; mais l'énergie, le dévouement, la bonne humeur même des soldats français ne furent pas un instant ébranlés. C'est là, sans aucun doute, un des faits les plus saisissants de cette campagne mémorable. Les Anglais, malgré leur courage, leur ténacité proverbiale et des exemples qui excitaient leur émulation, ne purent pas supporter comme nous cette lutte contre la mauvaise saison. Leur armée sembla fondre sous les neiges qui couvraient le plateau de Balaclava; les Français durent se charger d'une partie des travaux de siége laissés d'abord à leurs alliés. L'infériorité de l'administration anglaise fut assurément pour quelque chose dans l'accablement de ces braves soldats; mais on ne peut voir là une explication suffisante; c'est par le moral que se soutiennent les armées; les sentiments qui agitent et gouvernent l'esprit et le cœur donnent ou retirent au corps les forces dont il a besoin. Or, l'armée française montre depuis que la guerre a commencé un esprit vraiment religieux; elle croit, elle prie; voilà pourquoi elle défie le découragement.

Reprenons le récit sommaire des événements. Les Russes voyant que nous avions formé le dessein de rester devant Sébastopol et de nous en emparer, arrêtèrent qu'ils nous jetteraient à la mer. Ils eurent même l'imprudence d'annoncer tout haut cette résolution.

Le 25 octobre ils firent une première tentative. L'un de leurs meilleurs généraux, Liprandi, attaqua les postes avancés du camp anglais, postes gardés par les Turcs et situés sur les hauteurs de Balaclava. Son attaque fut d'abord assez heureuse; il enleva quatre redoutes et réussit à en conserver deux. La cavalerie de nos alliés, compromise par une charge téméraire accomplie avec la plus brillante valeur, perdit beaucoup de monde. Néanmoins l'ennemi ne put faire de sérieux progrès. L'infanterie et l'artillerie anglaises ne se bornèrent pas à empêcher les Russes d'avancer; elles reprirent une partie du terrain qu'ils avaient occupé. Les Français, malgré leur éloignement de la lutte, entrèrent promptement en ligne; nos chasseurs d'Afrique, accourus au galop, chargèrent avec impétuosité et mirent en déroute le corps qui se trouvait devant eux. Le coup de main de Liprandi avait échoué.

Dix jours plus tard les Russes attaquaient de nouveau. Ce fut la terrible bataille d'Inkermann. Le 15 novembre au matin, une forte colonne ennemie débouchait, à la faveur d'un épais brouillard, sur le camp de nos alliés, surprenait et enlevait les premiers postes, et s'avançait de manière à couper en deux l'armée anglaise. Le succès de cette manœuvre eut permis à Menschikoff de prendre l'armée française en flanc. Pour appuyer l'attaque de l'armée russe de secours, la garnison de Sébastopol fit une sortie sur nos tranchées. Malgré une énergique résistance les Anglais faiblissaient, accablés sous le poids du nombre ; les Russes faisant toujours arriver de nouvelles troupes, gagnaient du terrain. Un moment ils purent se croire vainqueurs ; mais dès que le bruit de l'artillerie et de la fusillade avaient fait comprendre qu'il s'agissait d'une attaque générale, le général Canrobert avait envoyé des ordres aux généraux de division, et l'armée française s'était portée au secours de son alliée. Le général Bosquet et son corps parurent sur le champ de bataille, alors que les Russes croyaien définitivement tenir le succès. Voilà les Français ! crièrent avec enthousiasme les Anglais, qui se voyaient sauvés. Ils l'étaient en effet. L'arrivée de nos troupes changea totalement la face des choses. Bien que Menschikoff fît encore arriver de nouvelles masses et conservât l'avantage du nombre, la déroute des Russes fut prompte, complète, horrible. Ils perdirent environ quinze mille hommes et s'ils ne renoncèrent pas à l'idée de nous jeter à la mer, ils en ajournèrent beaucoup l'exécution.

Cette grande bataille, ce grand succès permirent de continuer le siége avec un peu plus de sécurité. Mais les Russes, bien que trois fois vaincus, n'étaient pas découragés. Pendant cette rude campagne d'hiver, où nos travaux avançaient lentement, mais avançaient toujours, l'ennemi essaya plusieurs fois de nous prendre en défaut et fit de nombreuses sorties. Il fut constamment repoussé.

L'armée française était alors, et fut jusqu'à la fin du siège, divisée en deux corps. Le général Bosquet surveillait les mouvements de l'ennemi, dont l'armée de secours était toujours menaçante, pendant que le corps chargé du siège creusait sous la pluie, la neige et la glace, le terrain rocheux qui entoure Sébastopol. Les tranchées étaient souvent remplies d'eau ; les vêtements mouillés gelaient sur les hommes qui les portaient, et cependant on travaillait et on se battait sans relâche. Les francs-tireurs, couchés dans un trou, le fusil à la main, l'œil au guet, protégeaient les travailleurs qui devaient souvent eux-mêmes laisser la pioche pour le fusil.

Les généraux savaient partager les souffrances des soldats. Le général Canrobert, qui eut la difficile mission du commandement en chef durant toute cette phase redoutable, visitait souvent les tranchées et vivait sous la tente, donnant à tous l'exemple de la confiance et de la résolution. Le dimanche il faisait une longue course dans la neige ou dans la boue gla-

cée pour assister en grande tenue à la messe de
l'état-major. Sa sérénité imposait à tous le
courage et la patience : l'armée fut sauvée.

Au mois d'avril, 350 pièces françaises et 150
anglaises étaient en ligne et bombardaient la
place. Les Russes avaient cru que l'hiver les
délivreraient de nous ; ils durent comprendre
que la belle saison verrait leur chute.

Le 19 mai le général Canrobert remettait
au général Pélissier le commandement de
l'armée ; il faisait plus encore, il se plaçait
sous les ordres de celui qu'il commandait la
veille.

Ce fut un bel exemple d'abnégation, et le langage que tinrent alors les deux généraux fera
une des plus nobles pages de l'histoire de
cette guerre si féconde en grandes choses. Voici
l'ordre du jour que publia le général Canrobert :

« Soldats !

« Le général Pélissier, commandant le premier corps, prend, à dater de ce jour, le commandement en chef de l'armée d'Orient.

« L'Empereur, en mettant à votre tête un
général habitué aux grands commandements,
vieilli dans la guerre et dans les camps, a
voulu vous donner une nouvelle preuve de sa
sollicitude et préparer encore davantage les

1.

succès qui attendent sous peu, croyez-le bien, votre énergique persévérance.

« En descendant de la position élevé où les circonstances et la volonté du Souverain m'avaient placé et où vous m'avez soutenu, au milieu des plus rudes épreuves, par vos vertus guerrières et ce dévouement confiant dont vous n'avez cessé de m'honorer, je ne me sépare pas de vous. Le bonheur de partager de plus près vos glorieuses fatigues, vos nobles travaux, m'a été accordé, et c'est encore ensemble que, sous l'habile et ferme direction du nouveau général en chef, nous continuerons à combattre pour la France et pour l'Empereur.

« Au grand quartier-général, devant Sébastopol, le 19 mai 1855.

« Le général en chef,

« Signé : CANROBERT. »

Écoutons maintenant le général Pélissier :

« Soldats !

« Notre ancien général en chef vous a fait connaître la volonté de l'Empereur, qui, sur sa demande, m'a placé à la tête de l'armée d'Orient.

« En recevant de l'Empereur le commandement de cette armée, exercée si longtemps par de si nobles mains, je suis certain d'être l'interprète de tous en proclamant que le général Canrobert emporte tous nos regrets et toute notre reconnaissance. Aux brillants souvenirs de l'Alma et d'Inkermann, il a ajouté le mérite, plus grand encore peut-être, d'avoir conservé à notre Souverain et à notre pays, dans une formidable campagne d'hiver, une des plus belles armées qu'ait eues la France.

« C'est à lui que vous devez d'être en mesure d'engager à fond la lutte et de triompher. Si, comme j'en suis certain, le succès couronne nos efforts, vous saurez mêler son nom à vos airs de victoire. Il a voulu rester dans nos rangs, et bien qu'il pût prendre un commandement plus élevé, il n'a voulu qu'une chose, se mettre à la tête de sa vieille division. J'ai déféré aux instances, aux inflexibles désirs de celui qui était naguère notre chef et sera toujours mon ami.

« Soldats ! ma confiance en vous est entière. Après tant d'épreuves, tant d'efforts généreux, rien ne saurait étonner votre courage. Vous savez tous ce qu'attendent de vous l'Empereur et la patrie ; soyez ce que vous avez été jusqu'ici, et grâce à votre énergie, au concours de nos intrépides alliés, des braves marins de nos escadres, et avec l'aide de Dieu, nous vaincrons.

« Au grand quartier-général, devant Sébastopol, le 19 mai 1855.

« Signé : PÉLISSIER. »

Le rédacteur en chef de l'*Univers* disait à propos de la solennelle beauté de ce langage :

« Quelle source d'immortel honneur pour notre pays que cette armée de Crimée ! Que tout ce qu'elle fait est beau, est mâle et digne de mémoire ! Comme elle sait bien combattre, et bien mourir et bien parler ! Chaque jour lui impose une victoire nouvelle, chaque jour elle l'obtient. C'est un enthousiasme soutenu de courage, de patience, de sacrifice, dans les plus durs et les plus nombreux périls que puisse vaincre la constance humaine. Si quelque circonstance l'exige, ces cœurs héroïques révèlent sans emphase la majesté de leurs pensées. Ils disent un mot, et ils reprennent leur travail de géants. Canrobert quitte le commandement suprême comme Saint-Arnaud a quitté la vie, avec ce même calme d'un cœur que l'adversité rehausse, avec cette même grandeur d'âme qui ne désire rien avant le triomphe de la patrie et la gloire du drapeau.

« Ne nous étonnons pas si ces hommes tracent en courant, d'une main qui tient encore l'épée, des pages qui resteront parmi les modèles de l'éloquence publique. Ils ont en eux le génie de la France militaire et chrétienne ; ils sont grands ! (1) »

_____

(1) Louis Veuillot. *Univers* du 3 juin 1855.

Le général Pélissier poussa les opérations avec vigueur. La flotte, dont les difficultés de la saison et les besoins de l'armée, avaient limité l'action, était devenue plus libre : les côtes de la mer Noire et la mer d'Azof furent exploitées en tous sens et les drapeaux alliés flottèrent sur toutes les possessions russes ayant une importance militaire, maritime ou commerciale. C'est à peine d'ailleurs si deux ou trois petits bâtiments ennemis et quelques forts essayèrent de résister à l'artillerie de nos flottes. Kinburn cependant opposa une défense vigoureuse, mais en général on n'eut qu'à se montrer pour vaincre.

La résistance des Russes était concentrée à Sébastopol. C'était là qu'ils dépensaient toutes leurs ressources et toute leur énergie. Le 7 juin, le 2e corps, commandé par le général Bosquet, enlevait, par un brillant combat, les ouvrages blancs et le Mamelon-Vert. On gagnait plus d'une lieue de terrain et Malakoff était directement menacé. Ce point fut attaqué le 18 juin; nos troupes, malgré d'admirables efforts, furent repoussées avec des pertes notables; les Anglais échouaient également ce jour-là dans une vigoureuse attaque sur le Redan, attaque combinée avec celle des Français. C'était un assez grave échec. Les Russes et leurs amis crièrent bien haut alors que Sébastopol était imprenable. Mais dans l'armée de Crimée personne ne perdit courage; on continua les travaux de siége avec la ferme résolution de prendre une revanche décisive, et aussi avec pleine conviction dans le succès. Généraux, officiers et soldats avaient appris à compter les uns sur les autres et sur eux-mêmes; ils savaient ce qu'ils pouvaient faire.

Les généraux russes comprirent très-bien, au fond, qu'en sauvant Malakoff d'une première attaque ils n'avaient pas assuré l'avenir. Ils voulurent tenter une fois encore de nous jeter à la mer, ce qui offrait des difficultés de plus en plus grandes. Le 16 août, Gorstchakoff fit attaquer à Traktir notre armée d'observation. Le choc fut rude et les Français le soutinrent à peu près seuls, car il n'y avait près d'eux qu'une division piémontaise. Mais les Russes se ruèrent inutilement sur nous avec un grand courage; la victoire ne fut pas un seul instant indécise et après plusieurs attaques, qui leur coûtèrent des milliers d'hommes, ils nous abandonnèrent le champ de bataille. Ce jour-là l'ennemi dût s'avouer que Sébastopol succomberait bientôt.

Nos tranchées furent poussées jusqu'à 24 mètres de la tour Malakoff. Les Russes, resserrés de plus en plus, élevaient cependant de nouvelles fortifications derrière celles que nous menacions et semblaient se préparer à une défense désespérée. Les généraux alliés résolurent de brusquer l'attaque sur toute la ligne. Le feu, déjà très-violent depuis le 17 août, redoubla d'intensité à partir du 5 septembre. Les canons et les mortiers envoyaient une quantité énorme de projectiles. « Les alliés font sur nous *un feu d'enfer* », écrivait le général Gorstchakoff à l'empereur Alexandre.

Le jour de la Nativité de la Ste-Vierge, le 8 septembre, à midi précis, l'assaut fut donné. Les Français s'étaient chargés de Malakoff, la clé de la ville, du petit Redan, des bastions du mât et de la quarantaine; les Anglais attaquaient le grand Redan.

Le 2e corps (général Bosquet) avait l'honneur de porter les premiers coups. Il était chargé de prendre Malakoff. Le 1er corps et l'armée anglaise ne devaient s'engager qu'après que notre succès sur ce point aurait déjà compromis la défense des Russes.

Malakoff fut pris. Le fossé qui protégeait cette partie des fortifications avait dix-huit pieds de profondeur et vingt-un de large; il était creusé dans le roc. Ce redoutable obstacle fut franchi en un instant sous le feu de l'ennemi. Le combat à l'intérieur fut long et acharné; mais nos soldats tinrent la promesse faite par le général Mac-Mahon, écrivant au général en chef : « Nous sommes dans Malakoff et nous y resterons. » On y resta. La lutte semblait devoir recommencer le 9; généraux et soldats se tenaient prêts. Grâce à Dieu, le but était atteint. Pendant la nuit, au moment où on combinait de nouvelles attaques sur les points qui avaient résisté à nos premiers chocs, les Russes évacuaient et brûlaient Sébastopol. Le succès était donc complet et décisif.

On sait combien furent héroïques les divers combats livrés le 8 septembre. Il avait été arrêté qu'à midi, sans qu'aucun signal extérieur fût donné, nos colonnes se précipiteraient sur les murailles chargées de canons, qui protégeaient l'ennemi. Toutes les mesures prescrites pour les diverses attaques furent exécutées avec une remarquable précision. Généraux, colonels, officiers de tous grades savaient ce qu'ils avaient à faire, selon les circonstances, et ils le firent. L'ordre le plus parfait présida durant cette grande et terrible journée aux mouvements des divisions françaises.

Après avoir rappelé les principaux événements de la première campagne, nous devons rappeler aussi les causes de la guerre.

Ainsi qu'on l'a dit dans une publication faite par les soins du gouvernement et qui renferme une série de pièces officielles. Le Czar, fidèle à la politique de ses ancêtres, cherchait une occasion commode et à sa convenance d'humilier complètement la Turquie en attendant qu'il pût la subjuguer. « Une fois établis à Constantinople qui est la clé de la Méditerranée, les Russes auraient menacé, avant un demi-siècle, de leurs flottes de la mer Noire, Alger et Toulon; de leurs flottes de la Baltique, le Havre et Cherbourg (1). » Ils auraient aussi menacé le Pape dans Rome. La question des Lieux-Saints fournit au Czar le prétexte qu'il cherchait.

« Tout le monde sait qu'à Bethléem et à Jérusalem, c'est-à-dire aux lieux où le Sauveur est né, où il a souffert et où il est mort, la piété des chrétiens a fondé, depuis des siècles, des églises et des monastères. Depuis que l'Église d'Orient s'est séparée de l'Église d'Occident, il est survenu des rivalités et des luttes entre les chrétiens de la communion latine et les chrétiens de la communion grecque, soit au sujet de la garde de ces *Lieux-Saints*, soit au sujet des cérémonies qui s'y trouvaient célébrées. La France, dont l'autorité politique et morale en Orient est considérable depuis les croisades, a toujours pris sous son patronage les Pères des monastères latins. Ces Pères avaient été les victimes d'empiétements successifs, de la part des chrétiens de la communion grecque,

---

(1) *La France et la Russie. Documents.*

et le gouvernement de Louis-Napoléon, alors président de la République française, obtint en leur faveur, il y a trois ans (1851), des réparations aussi justes que modérées (1)..... »

Le Gouvernement français poussa même la modération et la réserve jusqu'à ne pas revendiquer l'observation complète des traités destinés à protéger les droits des Catholiques, traités qu'il lui appartient de garantir et qui constituent la principale force de la France en Orient. Aujourd'hui même les schismatiques possèdent encore à Jérusalem des sanctuaires qu'ils ont ravis aux Catholiques. Cependant les Russes et les Grecs, leurs complices, n'ont cessé de crier contre les empiétements des Catholiques et de la France.

« L'empereur Nicolas, feignant de croire que les chrétiens de la communion grecque avaient été dépouillés au profit des chrétiens de la communion latine, envoya, au mois de février 1852, le prince Menschikoff à Constantinople, avec la mission apparente de rétablir les droits des Pères grecs; mais il ne fut pas difficile au Gouvernement français de démontrer jusqu'à l'évidence que les satisfactions qui lui avaient été accordées ne lésaient en rien les droits de personne. La Cour de Saint-Péters-

---

(1) *La France et la Russie. Documents.*

bourg, après examen, fut forcée de le reconnaître ; et, dès-lors, si le prince Menschikoff n'avait eu réellement en vue que de faire rendre justice aux Pères grecs de Terre Sainte, sa mission eût été complètement terminée.

« Il n'en fut pas ainsi, bien s'en faut. C'est alors que les véritables desseins de la Russie éclatèrent. Le prince Menschikoff demanda , avec hauteur et menaces, pour le Czar son maître, le droit de Protectorat direct sur tous les sujets de l'Empire turc appartenant à la communion grecque ; et comme , parmi les sujets du Sultan, dans la Turquie d'Europe, de onze à douze millions appartiennent à la communion grecque, tandis que trois ou quatre millions seulement appartiennent à l'islamisme, c'est, au fond , comme si l'Empereur de Russie avait fait demander au Sultan sa couronne. » (1).

Les projets du Czar étaient démasqués. Il voulait visiblement asservir la Turquie afin d'arriver à dominer l'Europe entière. Lui laisser faire ce pas décisif, c'était assurer le triomphe de son ambition pour un prochain avenir. Il

---

(1) *La France et la Russie. Documents.*

fallait donc ou se préparer à subir le joug ou accepter immédiatement la lutte.

La France et l'Angleterre se sont prononcées pour la lutte ; elles ont bien fait.

Maintenant parlons de nos soldats.

CHAPITRE II.

PRÉPARATIFS DE GUERRE.

Un décret impérial, daté du 10 mars 1854, décida que des aumôniers seraient attachés à l'armée expéditionnaire d'Orient. Voici comment cette excellente mesure fut motivée :

« La présence au milieu des troupes des ministres du culte est particulièrement indispensable dans une guerre lointaine où elles pourraient se trouver dépourvues de secours spirituels, non seulement en raison de la différence des cultes, mais encore en raison de la différence des rites. Il est donc du plus haut intérêt qu'au milieu des épreuves de la guerre nos soldats de l'armée d'Orient ne soient pas privés des encouragements et des consolations de la religion... En conséquence, des aumôniers seront attachés à l'armée d'Orient. »

Des dispositions réglementaires établissaient ensuite que l'aumônier en chef aurait rang de chef de bataillon, et les autres aumôniers de capitaine.

Avant que ce décret eût paru, le maréchal de Saint-Arnaud écrivait à un illustre religieux, son ami, une lettre qu'il faut reproduire ; car elle prouve que sa sollicitude pour l'âme de nos soldats n'avait pas eu besoin d'excitation.

« MON RÉVÉREND PÈRE,

« Comment avez-vous pu penser un instant que je négligerais d'entourer les braves soldats de l'armée d'Orient de tous les secours et de toutes les consolations de la religion ?

« L'aumônerie de l'armée est formée. Je me suis entendu avec le digne abbé Coquereau, qui a mis sur un pied si respectable l'aumônerie de la flotte. Il y a un aumônier par division, par hôpital, et deux aumôniers en chef au quartier général.

« Je suis débordé par la besogne, et je soigne ma santé pour pouvoir faire vigoureusement la guerre aux Russes. J'aurai bien besoin de vos prières, mon père : Sans l'aide de Dieu on ne fait rien, et je mets ma confiance dans sa miséricorde et dans la protection qu'il accorde à la France. »

Cette lettre, datée du 6 mars 1854, était adressée à un membre de la Compagnie de Jésus, le R. P. de Ravignan. Deux autres Jésuites, le R. P. Parabère et le R. P. Gloriot, furent mis à la tête du nouveau service.

Depuis l'ouverture des hostilités, le nombre des aumôniers a été accru, et l'organisation première a reçu des modifications. Ainsi les Lazaristes ont été chargés de l'administration de tous les hôpitaux de l'armée. Jusqu'ici, cependant, les aumôniers n'ont suffi à leurs travaux qu'à force de dévouement. Plusieurs sont morts à la peine. En écrivant au R. P. de Ravignan que les soldats seraient entourés de tous les secours de la religion, le maréchal de Saint-Arnaud ne se doutait point de l'empressement avec lequel ces secours seraient demandés. Il n'était lui-même qu'un nouveau venu dans cette voie, où il marchait avec la résolution qu'il sut montrer partout.

Jamais, du reste, Saint-Arnaud n'avait été hostile à la religion, mais par esprit mondain, par insouciance, par ignorance, il en avait méconnu les lois. Il croyait au Dieu des Chrétiens et respectait l'Église sans songer qu'il pût être nécessaire de suivre tous leurs commandements. Une maladie le força, en 1853, à chercher quelques semaines de repos à Hyères. C'était là que la grâce de Dieu l'attendait. Le 22 mars il écrivait à l'un de ses frères :

« Il se passait chez moi quelque chose d'extraordinaire. Le corps, l'esprit, tout était malade, et cet état avait occasionné un grand désordre qui avait attaqué le principe de la vie. Je me suis réfugié dans la méditation, de la méditation dans la prière. J'ai élevé mon âme vers Dieu, et le calme est rentré dans mon cœur.

« J'ai trouvé dans le curé d'Hyères un prêtre comme je les comprends et les aime. Nous avons eu de longues conférences, et dimanche je communierai comme un vrai chrétien. Cette conversion t'étonnera peut-être, et tu verras en moi une grande transformation. La prière est un excellent médecin, rappelle-toi cela dans l'occasion. Tu feras lire cette lettre à ma gracieuse sœur, son âme élevée me comprendra. »

Le 30 mars, il entrait dans quelques détails sur sa conversion :

« La partie religieuse de ta lettre m'a fort touché, écrivait-il à son frère. Chez les hommes de cœur, chez les hommes de bien, Dieu finit toujours par parler, parce que sa voix est la seule vérité, la seule consolation. Une fois cette voix sainte entendue, on ne prête plus l'oreille à autre chose. J'ai été tout naturellement conduit à Dieu par la voie ordinaire que parcourt la faiblesse humaine : la douleur, la méditation, la prière. Dieu ne m'a pas repoussé, et tu peux être sûr que je ne ferai plus un pas en arrière. A la fougue, à l'irritation qui me dominaient ont succédé le calme et une gravité peut-être trop sérieuse, mais qui tient encore à la maladie. J'ai tant souffert ! J'espère retrouver bientôt une douce gaîté, mais je ne me dissimule pas que toutes mes idées sont graves et sérieuses. Je lis beaucoup *l'Imitation de Jésus-Christ*, et cet admirable livre qui me pénètre d'admiration, m'inspire une défiance pénible de mes forces. Dieu me donnera-t-il assez de puissance de volonté, assez de persévérance pour rester dans la noble voie qu'il me montre ! C'est ce que je lui demande tous les jours avec ferveur (1). »

La grâce de la persévérance n'est pas refusée à ceux qui savent la demander ainsi. Saint-Arnaud resta chrétien et on le vit observer fidèlement les lois de l'Église. Comme tous les esprits supérieurs et les cœurs vraiment généreux, il sut repousser le joug du respect humain. S'il rougissait de quelque chose, c'était d'avoir si longtemps manqué à l'accomplissement de ses devoirs envers Dieu.

La flotte avait eu des aumôniers avant l'armée de terre ; l'Empereur voulut lui assurer un autre secours encore. Le 8 avril 1854, le *Moniteur* rendit compte d'une belle et chrétienne cérémonie. Une image de la très-sainte Vierge, envoyée à nos marins par Napoléon III, avait

(1) Lettres du maréchal de Saint-Arnaud. t. II, p. 397.

été solennellement inaugurée à bord du vaisseau amiral de la flotte française dans la mer Noire. Voici le récit de la feuille officielle.

« Sa Majesté, dans sa touchante et pieuse sollicitude pour nos braves marins embarqués sur l'escadre de la mer Noire, avait chargé M. le ministre de la marine et des colonies de faire parvenir à M. le vice-amiral Hamelin un tableau à l'huile, destiné au vaisseau amiral la *Ville-de-Paris*, et représentant la vierge Marie, patronne auguste des matelots.

« Nous reproduisons le rapport qui a été adressé au ministre de la marine par le vice-amiral Hamelin :

« J'ai reçu par la voie des paquebots-postes
« de Marseille, le tableau représentant la
« sainte Vierge que vous m'aviez annoncé par
« votre dépêche du 23 février dernier.

« Je prie Votre Excellence de vouloir bien
« être, auprès de Sa Majesté l'Empereur, l'in-
« terprète de tous les sentiments de reconnais-
« sance qui animent le personnel placé sous
« mes ordres, pour ses bienveillantes inten-
« tions envers sa flotte.

« L'inauguration de ce tableau a eu lieu
« solennellement hier dimanche, 19 mars, à
« l'heure de l'office divin, immédiatement
« après l'inspection.

« Une partie des états-majors et un déta-
« chement de marins de chaque bâtiment se

« sont rendus à bord de la *Ville-de-Paris*.
« Avant la messe, M. Creps, aumônier du
« vaisseau amiral, assisté des aumôniers de
« l'escadre, en habits de chœur, a procédé à
« la bénédiction du tableau. Après les prières
« d'usage, M. Creps, dans une allocution tou-
« chante, a recommandé à la dévotion des
« équipages l'image de la Mère de Dieu. Je me
« fais un plaisir, Monsieur le Ministre, de vous
« citer textuellement les paroles, si bien ap-
« propriées à l'auditoire et à la circonstance,
« qu'a tenues ce digne ecclésiastique. »

« Après avoir donné le discours de l'aumônier, l'amiral ajoutait :

« Immédiatement après cette allocution,
« MM. les aumôniers se sont mis à genoux, et
« le prêtre officiant a entonné l'hymne du
« marin, *Ave, Maris stella.*

« La messe a eu lieu ensuite, après laquelle
« le *Domine , salvum fac Imperatorem,* a été
« chanté en musique.

« Ainsi s'est terminée cette cérémonie, qui
« a laissé dans le cœur de nos marins de pro-
« fonds et touchants souvenirs. »

Une cérémonie semblable eut lieu au mois
de juin sur la flotte de la Baltique. Voici un
extrait de la dépêche adressée à ce sujet de
Baro-Sund par M. le vice-amiral Parseval, au
ministre de la marine :

« L'autel dressé au pied du grand-mât avait

été orné par nos marins de verdure et de feuillage cueillis sur les îlots qui nous entourent.

« Le tableau s'élevait au-dessus de l'autel.

« J'avais autour de moi avec M. le contre-amiral Pénaud, tous les commandants et les états-majors réunis sur le gaillard-d'arrière ; des détachements de chaque bâtiment étaient rangés sur la dunette ; l'équipage occupait les passavants ; la garde, sous les armes, était formée par les troupes expéditionnaires ; le vaisseau pavoisé.

« A onze heures, M. l'aumônier supérieur, assisté de douze aumôniers, est monté à l'autel. Dans un langage aussi élevé que touchant, s'inspirant des circonstances mêmes de cette fête catholique sur une côte ennemie, M. l'abbé Carron a été le digne interprète de la reconnaissance de l'escadre de la Baltique envers Sa Majesté Impériale, dont la sollicitude chrétienne a voulu la placer, comme son aînée de la mer Noire, sous la protection spéciale de la sainte patronne des marins.

« Le discours achevé, le chant du cantique *Ave, maris stella* a donné le signal : la garde a présenté les armes ; les tambours battant aux champs, *l'Inflexible* a salué de vingt-un coups de canon l'instant solennel où la voix du prêtre a appelé sur l'Empereur, sur la France et sur nos armes, la bénédiction de Marie.

« Je n'essaierai pas, Monsieur le Ministre,

de vous dire les impressions d'une telle cérémonie, en un tel lieu et dans un tel moment: on les ressent, on ne les exprime pas. Votre Excellence me permettra de rester dans les limites d'un simple récit que j'achève.

« La messe terminée par le chant du *Magnificat* et du *Domine Salvum*, toutes les peines disciplinaires ont été remises ; nos braves marins ont passé la journée à se visiter de vaisseau à vaisseau, et nous avons conservé jusqu'au soir nos pavois et notre air de fête.

Lorsque le commandement de l'escadre de la mer Noire a été donné au vice-amiral Bruat (1), l'image de la sainte Vierge a dû être transportée sur le nouveau vaisseau amiral, et une cérémonie aussi pieuse, aussi solennelle que la première, a marqué cette translation.

Voici un passage du discours de l'abbé Creps, discours que l'amiral Hamelin déclarait si bien approprié à l'auditoire :

« N'est-ce pas au pied de l'autel de Marie que nos mères, nous serrant dans leurs bras et mettant tout leur cœur dans leurs regards suppliants, ont éprouvé pour nous des tressaillements d'une tendresse ineffable ? Et quand la tempête gronde, quand les vents mugissent, quand les flots s'amoncellent sur la grève,

---

(1) Il fut élevé à la dignité d'amiral après la campagne de 1855

n'est-ce pas à l'autel de Marie, ou même devant sa simple image protectrice du foyer domestique, que nos mères et nos sœurs, vos femmes et vos enfants, vont puiser confiance et force en demandant protection pour des jours chéris ?

« Enfin, Marie n'est-elle pas pour tous la porte du ciel, l'arche de l'alliance, l'étoile de la mer, le refuge du pécheur, la consolatrice des affligés ?

« Profondément pénétré des sentiments de confiance que tous les siècles chrétiens ont si justement voués à la Mère de Dieu, l'Empereur, en face des événements que l'avenir recèle encore dans son sein, mais qui se font pressentir, a envoyé à l'escadre cette image bénie. En vous faisant ce don sacré, il vous adresse les paroles que Constantin-le-Grand lut dans les cieux : *In hoc signo vinces*, vous vaincrez dans ce signe, ô vous qui allez combattre pour la justice : que cette image de Marie soit pour vous un labarum nouveau, un bouclier impénétrable, un étendard de victoire ! »

Ces démonstrations officielles ont produit un grand et très-heureux effet en Orient ; elles ont montré au monde entier que la France est et veut rester catholique.

En songeant aux besoins spirituels de nos

soldats, le Gouvernement répondait aux sentiments de l'armée. Citons quelques faits : (1)

Un jeune homme de Nîmes, engagé volontaire, partait pour l'Orient. Il voulut faire ses adieux au prêtre qui l'avait élevé. La situation était solennelle. L'ancien professeur parle de confession : on l'écoute. Ce fut pour lui un trait de lumière, un appel de la Providence. Il songe que tout un régiment, de passage à Nîmes, se rend en Crimée, et il veut fournir à nos soldats l'occasion de se réconcilier avec Dieu. L'Évêque appuie son projet ; l'autorité militaire l'accueille avec bienveillance et donne toutes les autorisations propres à faciliter cette œuvre d'apostolat. Le zèle du prêtre avait pressenti le vœu des soldats : ceux-ci se rendirent en foule aux prédications. Le dimanche suivant, 11 novembre, trois cent vingt d'entre eux s'approchèrent de la table sainte ; sur ce nombre quatorze communiaient pour la première fois. Le mouvement ne s'arrêta point là. Une seconde communion générale eut lieu. Un mot montrera combien les résultats furent

(1) Pour ce chapitre et quelques-uns de ceux qu'on trouvera plus loin, nous avons fait de larges emprunts au XXe chapitre d'un livre où les questions politiques, sociales et religieuses qui se rattachent aux affaires d'Orient, sont traitées avec l'étendue que réclame l'histoire. Il s'agit du livre intitulé : *L'Église, la France et le Schisme en Orient.*

féconds et étendus. On disait à l'un des communiants : « Ne craignez-vous pas les railleries des esprits forts du régiment? — Oh! non, répondit-il : à l'heure qu'il est on ne se moque plus de nous; c'est nous qui nous moquons de ceux qui ne se confessent pas. » Le prêtre, qui avait distribué le pain des forts à tous ces braves gens, leur adressa ensuite du haut de la chaire une courte allocution : « Vous allez bientôt montrer sur le champ de bataille, leur dit-il, ce que c'est que le soldat qui se confesse et qui emporte avec lui, en quittant la terre de la patrie, son Dieu devenu l'hôte de son cœur et le compagnon de ses rudes et glorieuses fatigues. Quand on peut vaincre et mourir pour la foi des aïeux, on sait aussi donner la victoire à son pays et l'acheter noblement par l'holocauste de sa vie. »

A Lyon, le 27 décembre 1853, un régiment de cavalerie, colonel en tête, drapeau au centre, voulut se préparer à la campagne d'Orient par un pélerinage solennel à Notre-Dame de Fourvières. La musique entra dans l'église en saluant de ses plus brillantes fanfares Marie Immaculée. Le colonel et l'état-major prirent place dans le chœur; le drapeau flotta près de la table de communion, et toute la cérémonie s'accomplit au milieu du recueillement le plus respectueux et le plus sympathique. Un Jésuite, le R. P. Maurel, adressa quelques paroles chaleureuses aux pèlerins. « Cette démarche, leur dit-il, sera pour plusieurs d'entre vous un gage de salut. Souvenez-vous que la sainte Vierge, en devenant la Mère du Créateur, devint la souveraine de toutes les créatures : souveraine non pas seulement de nom, mais en réalité ; de telle sorte que Marie peut à son gré suspendre et intervertir les lois de la nature et opérer tous les miracles qu'elle veut, comme elle veut et quand elle veut. C'est par sa protection que fut obtenue la mémorable victoire de Lépante. Depuis le triomphe que Jean Sobieski remporta sous les murs de Vienne, sur les infidèles, il fit toujours porter avec lui une image de Notre-Dame de Lorette, surmontée de cette inscription : *Par cette image de Marie Jean sera vainqueur*.....

« Aimons la sainte Vierge !... Est-il si pénible de l'aimer ? Vous avez sur la terre une mère que vous aimez tendrement : Marie est votre mère du ciel ! Aimez Marie : telle est la volonté de Dieu, qui a établi la sainte Vierge comme le canal des grâces qu'il envoie à la terre. Aimez Marie : telles sont les intentions de l'Église, qui fait tout pour inspirer cette dévotion au cœur de ses enfants... Je ne suis point prophète ; et néanmoins je puis vous prédire que, si vous avez le bonheur de réciter chaque jour seulement, jusqu'à votre dernier soupir, un *Ave Maria* pour honorer Marie, vous verrez les portes du ciel s'ouvrir sur vos têtes. Vivent nos braves, et vive Marie !.. (1) »

Depuis cette époque plusieurs démonstrations semblables ont eu lieu.

« Les fidèles qui se trouvaient le lundi 10 septembre 1855, dans la chapelle de Fourvières y virent entrer le colonel du 3e dragons avec un certain nombre de ses hommes et la musique du régiment. Celle-ci exécuta, de six à sept heures, des symphonies qui empruntaient au lieu et à la circonstance un caractère non moins touchant que majestueux. »

Du haut de la chaire, un chapelain a adressé à ces militaires un petit discours pour leur rappeler les bienfaits et les douceurs de la foi ; de la foi, source de consolations pour toutes les créatures humaines, mais surtout pour le soldat qu'elle soutient et fortifie dans ses diverses épreuves, le protégeant, dans les loisirs de la paix, contre l'entraînement des sens, affermissant son bras à l'heure du péril et des grands devoirs.

« Les assistants ont été on ne peut plus édifiés par l'attitude digne de ces braves dragons pendant toute la cérémonie, qui s'est terminée par une quête au profit de l'Œuvre de la bibliothèque des soldats. »

---

(1) *Gazette de Lyon* du 28 décembre 1853.

Veut-on d'autres faits du même genre ?

Les conférences de Saint-Vincent-de-Paul de Toulouse ont tenu, le 30 mars 1855, sous la présidence de Mgr l'Archevêque, une assemblée générale. Le compte-rendu lu à cette assemblée contient le passage suivant sur l'œuvre des militaires :

« Une fois revenu à Dieu, le soldat est admirable ; il s'impose toute sorte de privations pour faire la charité.

« Ainsi, l'un d'eux remet exactement chaque mois son offrande pour l'Œuvre de la Propagation de la Foi. Un autre a demandé à faire partie de l'Œuvre de la Sainte-Enfance ; d'autres assistent à des réunions de charité, et participent toujours et volontairement à la quête qui les termine.

« Un jour un des membres les plus connus d'eux est pris à part :

« Monsieur, lui dit un de ces excellents sol-
« dats, un de mes camarades, avant d'entrer
« à l'hôpital, m'a remis une somme de vingt
« francs, en me disant : Si je meurs, je te la
« donne. Il est mort, et je vous prie d'en re-
« cevoir une partie, pour faire dire des messes
« pour le repos de son âme. »

« Un autre confie à un de nos confrères toutes ses petites économies afin de les envoyer à sa pauvre mère.

« Une retraite de dix jours a été donnée aux

militaires aux approches de Pàques. Tous les soirs, 4 à 500 hommes remplissaient la chapelle des Pénitents-Gris, et 200 de ces braves s'approchèrent de la sainte-table le jour de Pâques.

« Nous devons ici remercier l'autorité militaire de sa bienveillance pour notre école. Plusieurs officiers supérieurs ont bien voulu l'honorer de leur visite, et Monsieur le général de division a, par sa présence à plusieurs des instructions de la retraite, donné un grand encouragement à notre œuvre.

« Les chefs savent, en effet, que ce qui est enseigné aux soldats, c'est le devoir, la discipline. En leur donnant des principes religieux, on leur inculque toutes les vertus de leur état, l'obéissance, l'amour de l'ordre et de la patrie, la régularité des mœurs, vertus qui mènent à la paix de la conscience ; et la tranquillité de la conscience est la meilleure source de l'énergie et de la bravoure. »

Le journal d'Arras, *La Société*, a donné dans un de ses numéros du mois de septembre 1855, les nouvelles suivantes du camp d'Helfaut :

« Il y a quinze jours, M. l'abbé Michaud, chanoine de la cathédrale de Metz, l'ami et l'apôtre des soldats, arrivait au camp, sur les pressantes instances des hommes du 64ᵉ et de leurs chefs. L'entrevue du bon prêtre et des soldats fut courte ; il était arrivé depuis deux jours à peine, que le 64ᵉ allait rejoindre le 11ᵉ, le 31ᵉ et le 94ᵉ de ligne, en marche pour l'Orient. Le lendemain du dernier départ, une dépêche télégraphique arrive à huit heures du soir : elle appelle à la même destination toute la division Chasseloup, et cette division doit se mettre en route dans le plus bref délai. Il n'y a pas de temps à perdre. M. l'abbé Michaud était venu pour travailler : voilà du travail. Une mission commence avec quelque espoir de succès. Elle était ouverte depuis deux jours, l'église se trouva trop étroite ; il fallut abandonner le sanctuaire aux soldats, heureux d'entendre la parole du missionnaire. Ni l'éloignement de l'église, ni la difficulté des chemins, ni le vent, qui soufflait avec violence, ni la pluie qui, malheureusement, est tombée à flots pendant huit jours, ni les réunions si légitimes à la veille d'un départ, rien n'a pu diminuer le pieux empressement de la foule. Pendant plusieurs soirées même, malgré l'inclémence du temps, plus de trois cents hommes se tenaient dehors dans le silence le plus complet, pour ne rien perdre de l'instruction donnée aux camarades du dedans.

« Il s'est distribué dans le cours de cette mission plus de cinq mille médailles de la sainte Vierge, acceptées avec bonheur, et M. l'abbé Michaud, secondé par M. le curé d'Helfaut, par M. l'abbé C. Bolard, aumônier

du camp, par M. Delannoy, aumônier de la
prison militaire de Lille, auxquels avaient bien
voulu s'adjoindre MM. les curés de Blandec-
ques, d'Hallines, de Wizernes et d'Heurin-
ghem, a eu la consolation de voir s'asseoir à
la table sainte près de huit cents soldats.

« Quand une armée sait être ainsi chrétienne, elle est toujours brave devant l'ennemi, et les victoires qu'elle inscrit sur son
drapeau sont vraiment la récompense de
sa foi. »

A Perpignan, l'Évêque voulut diriger, en
grande partie, lui-même les exercices religieux qui furent donnés, dans la semaine de
Pâques (1855), aux soldats de la garnison. Les
autorités militaires, et particulièrement M. le
baron Dufourc-d'Antist, général commandant
la division, favorisèrent de la manière la plus
louable cette œuvre salutaire. Le dernier jour
des exercices, Mgr Gerbet adressa aux nombreux soldats qui les avaient suivis, une allocution dont nous citons quelques lignes.

« Je me félicite beaucoup, mes chers amis,
d'avoir invité l'éloquent missionnaire qui
vient d'évangéliser cette ville, à terminer ses
prédications par des exercices religieux donnés aux militaires de la garnison. Dieu a béni
cette pensée. J'ai trouvé, pour cette bonne
œuvre, les dispositions les plus favorables
dans vos officiers supérieurs, protecteurs si

bienveillants de tous vos intérêts, et surtout dans l'illustre général qui, sous tous les rapports, vous entoure de son affection paternelle et qui couronne, d'une manière si digne, une période de plus de quarante ans, glorieusement consacrée au service de la patrie. Vous avez prouvé que son noble cœur avait deviné le vôtre. Vous avez répondu à son appel, au mien, avec un empressement exemplaire. Vous vous êtes pressés en foule autour de cette chaire pour recueillir les paroles qui éclairent, qui purifient, qui encouragent. C'est donc avec une bien douce consolation que je me suis rendu au milieu de vous.....

« Sous la discipline militaire, vous avez une vie rude, austère, laborieuse : la vigueur morale qu'elle vous communique, la forte trempe qu'elle vous donne est un préservatif contre cette inertie, cette mollesse, qui est un des grands obstacles à la vie chrétienne et qui fait que l'âme reçoit, sans résistance, l'empreinte de toutes les tentations dangereuses, de tous les mauvais conseils. Vous avez du courage, ou, pour mieux dire, vous êtes le courage même ; mais, en réfléchissant sur tout ce que renferme ce beau nom, pourriez-vous, mes amis, vous dire intérieurement que vous le méritez dans toute sa plénitude, si vous vous laissiez intimider par la superstition du respect humain, si vous, qui ne tremblez pas devant les balles de l'ennemi, vous reculiez dans la pratique de vos devoirs de chrétien, parce que vous auriez peur de quelques railleries futiles, de quelques propos irréligieux que vous méprisez au fond de votre conscience? Enfin vous avez, comme soldats, le culte de la consigne; eh bien! lorsque vous serez tentés de faire ce que la loi divine défend, de franchir les barrières qu'elle a posées, dites-vous : Il y a ici la consigne de Dieu, on ne passe pas; ce mot à la fois militaire et sacré, vous sauvera..... »

Voici une touchante anecdote qu'on nous permettra d'enregistrer aussi parmi les *préparatifs de Guerre*. Nous l'empruntons à l'*Ami de l'Enfance*, journal des salles d'asiles :

« Dans le mois dernier (mai 1855), un soldat du 9e régiment de ligne, en partance pour l'armée d'Orient, se présente à la Sœur supérieure de l'asile des petits orphelins de Ménilmontant, près Paris, portant dans ses bras une petite fille de trente mois. « Ma Sœur, dit-il, je pars pour la Crimée, d'où peut-être je ne reviendrai pas; ma femme est cantinière dans le même régiment que moi : je viens vous confier mon enfant. » L'excellente supérieure est touchée d'une situation si intéressante ; mais les statuts de l'Œuvre interdisent toute admission qui n'aurait pas été prononcée par le bureau de la société. Elle hésite donc et engage le pauvre père à remplir les formalités prescrites. — Mais, ma Sœur, reprend le soldat, je pars dans deux jours, que vais-je devenir? Je n'ai ici ni parents ni amis, faut-il donc abandonner mon enfant au coin d'une rue! Ma Sœur, je vous en conjure, ayez pitié de cette pauvre petite fille. Tenez, vous êtes une Sœur de charité, une envoyée du bon Dieu, je ne vous quitte pas que vous n'ayez pris mon enfant! Et de grosses larmes coulaient des joues du brave militaire.

« La supérieure ne peut résister à de telles supplications. Elle pense que l'administration de l'orphelinat la remerciera d'avoir suivi, en telle circonstance, le mouvement de son cœur. Elle reçoit la petite fille, on peut presque dire la petite orpheline.

« Ah! Dieu vous bénisse, s'écrie le soldat; maintenant je n'ai plus peur des balles et des boulets; je peux partir! »

Rappelons ici que beaucoup d'officiers, comme le colonel Dupuits et le commandant Dagon de la Contrie, deux héros chrétiens dont on trouvera plus loin d'admirables paroles, déposèrent leur croix aux pieds de la sainte Vierge.

Encore un fait. « Au moment où toutes les correspondances d'Orient nous apportaient les détails de la bataille de l'Alma, les journaux rapportèrent, d'après le *Moniteur de l'Armée,* que l'éclat d'obus qui avait frappé le général Canrobert s'était arrêté « sur la plaque d'une médaille bénite, » que lui avait donnée une auguste main au moment de son départ pour l'Orient. Nous croyons pouvoir ajouter, disait le journal l'*Univers* en mentionnant ce fait, que c'est par une lettre du général Canrobert lui-même, adressée à l'Impératrice, que l'on a connu ce détail. Le brave général a voulu remercier Sa Majesté, qui, lorsqu'il eut l'honneur de prendre congé d'elle, lui donna en effet la petite médaille de la sainte Vierge, si connue sous le nom de médaille de l'Immaculée Conception, en lui disant : « Général, portez cette médaille avec foi, elle vous protégera. » Ajoutons à notre tour que le général Canrobert n'est pas le seul de nos généraux qui ait reçu des mains de l'Impératrice la médaille de Marie Immaculée.

Ce ne sont encore là que des germes ; s'ils tiennent à des impressions fugitives ils disparaîtront bien vîte ; s'ils sont vivaces ils grandiront dans les épreuves.

Les épreuves vont venir.

CHAPITRE III.

LE CHOLÉRA AU CAMP DE GALLIPOLI.

Le premier ennemi que l'armée française ait rencontré en Orient est le choléra. Dès que le fléau eut fait quelques victimes, généraux et soldats s'écrièrent : « il nous faut des Sœurs ! » L'appel fut aussitôt entendu. Les filles de S^t. Vincent quittèrent leurs écoles et s'établirent dans les camps de Varna, de Gallipoli, du Pirée. Jusque-là on avait hésité à faire entrer les religieuses dans les hôpitaux militaires; mais en présence du mal et des besoins, toutes les préventions cessèrent. On comprit aussi qu'il fallait augmenter le nombre des aumôniers.

Deux généraux du camp de Gallipoli, Ney et Carbuccia furent frappés des premiers. Comment sont-ils morts? Leur confesseur, le P. Gloriot de la Compagnie de Jésus, nous le dira. Ces détails sont extraits d'une lettre particulière datée du 9 août 1854 :

« Les deux généraux que le fléau a frappés
ont donné l'exemple de la mort la plus chrétienne. Le premier, le duc d'Elchingen, fils
du maréchal Ney, était un homme aussi distingué par l'élévation de son esprit que par la
douceur de son caractère et la politesse exquise de ses formes : aussi a-t-il mérité les
regrets de toute l'armée. J'avais avec lui de
fréquents rapports : peu de jours avant sa mort,
je l'avais vu s'attendrir et verser des larmes au
récit que je lui faisais des derniers moments
d'un jeune sergent, neveu d'un colonel de ses
amis. Lorsque je lui présentai l'ordre du maréchal qui m'appelait à Constantinople, il me
répondit : « Non, vous ne partirez pas ; nous
« ne pouvons rester ici sans prêtre, nous pou-
« vons avoir besoin de vous, et moi tout le
« premier. » Le dimanche, il avait présidé à la
messe militaire que j'avais dite dans le camp,
et après la messe, il m'avait invité à déjeuner
avec tant d'instance que je n'avais pu le lui refuser. Deux jours après, son aide-de-camp vint
me trouver à l'hôpital : « Vite, me dit-il,
« rendez-vous auprès du général ; il vous de-
« mande et il est au plus mal. » Au moment
où j'entrais dans sa chambre, où se trouvait
réuni son état-major, il me tendit la main en
disant : « Monsieur l'aumônier, je tiens à ce
« qu'on sache que c'est moi qui vous ai fait ap-
« peler. J'ai eu le tort de vivre dans l'éloigne-

« ment des pratiques religieuses. J'ai une
« femme qui est un ange, et je veux mourir
« en bon chrétien. » Après avoir reçu l'absolution, il croisa ses deux mains sur sa poitrine,
offrit à Dieu le sacrifice de sa vie et lui adressa
la prière la plus touchante pour sa femme et
ses enfants. Vers trois heures de l'après-midi,
je le trouvai assez mal pour lui administrer le
sacrement de l'Extrême-Onction. A huit heures,
je pénétrais une dernière fois dans sa chambre :
elle était remplie de tout ce que l'armée renferme de plus distingué. Le général entrait en
agonie : je me mis à genoux pour réciter la
prière des agonisants ; ses deux aides-de-camp
étaient à mes côtés, tenant des bougies allu-
mées. Au moment où je finissais mes prières,
le général rendit son âme à Dieu au milieu des
sanglots des assistants.

« Le général Carbuccia avait présidé à l'enterrement du duc d'Elchingen, et trois jours après
il le suivait au tombeau. La veille de sa mort,
je l'ai rencontré au moment où je me rendais à
l'hôpital. Il m'avait demandé si on avait organisé tous les secours pour les malades, et
sur ma réponse il m'avait offert une somme
d'argent en me disant : « Servez-vous en pour
« adoucir la situation de ces pauvres enfants. »
Le lendemain, le général me faisait appeler.
Il était Corse et avait la foi ardente des habi-

tants de cette île ; il accomplit ses devoirs avec
la plus grande édification. »

La croix, si longtemps proscrite sur le sol
musulman, y domine aujourd'hui la tombe
de nos soldats. C'est une prise de possession.
De telles fondations défient tous les efforts.
« Je n'oublierai jamais, disait le R. P. Gloriot,
avec quel empressement les soldats du génie
m'ont fait une grande croix, et comment le
plus bel homme de la compagnie, ma plus
proche voisine, porta cette croix dans les rues
de Gallipoli devant le cercueil du général Carbuccia. Quelques jours auparavant, la vue de
mon surplis avait indigné les vieux Turcs. Ce
jour-là, cette croix, si bravement portée, a
passé au milieu d'eux sans causer un murmure.
Elle est encore aujourd'hui debout sur le sol
musulman, entre cent autres plantées sur les
tombes de nos pauvres soldats; et elle y restera, grâce au prestige du nom français et
malgré le frémissement de colère qui s'empare
des fanatiques de Mahomet à la vue de ce signe
abhorré. »

L'armée tout entière imitait la conduite de
ses chefs; chacun voulait mourir en chrétien.
Voici quelques autres passages de la lettre du
P. Gloriot.

« Le choléra est venu s'abattre sur les troupes
campées autour de Gallipoli, au nombre de
dix mille hommes environ. Nous n'étions pas

prêts pour recevoir la visite de cet hôte terrible, et je ne sais par quel instinct malheureux il a commencé par frapper tous ceux qui auraient pu mettre obstacle à ses ravages. Deux généraux sur quatre ont succombé, dès les premiers jours ; sept officiers de santé, trois officiers comptables, dix-sept infirmiers, le chef pharmacien et ses aides ont également péri victimes du choléra.

« J'étais seul au milieu des malades... Pour les confesser, j'étais obligé de me tenir à genoux à côté d'eux. — Ce n'est que là que j'ai bien compris que, pour sauver les âmes avec Jésus-Christ, il faut être prêt à subir avec lui la double agonie du corps et de l'âme. Ma plus grande épreuve, c'était mon isolement : je suis resté six semaines sans pouvoir me confesser, et en voyant tout succomber autour de moi, je n'avais pas même l'espoir d'être assisté par un frère à mes derniers moments. Dieu évidemment me conservait pour que je pusse administrer les secours de la religion à tant d'âmes bien préparées ; car si l'épreuve a été grande, grande aussi a été la consolation.

« Toutes les fois que j'entrais dans ces lieux désolés, je m'entendais appeler de toutes parts : « Monsieur l'aumônier ! venez à moi ; hâtez- « vous de me réconcilier avec Dieu, car je n'ai « plus que quelques instants à vivre ! » D'autres me serraient affectueusement la main et me

disaient : « Que nous sommes heureux de
« vous avoir au milieu de nous ! Si vous n'étiez
« pas là , qui nous consolerait dans nos derniers
« moments ? » — Plusieurs me donnaient l'a-
dresse de leurs familles, en me priant d'écrire à
leurs parents qu'ils étaient morts en bons chrétiens. J'en ai vu qui recueillaient le peu de
forces qui leur restait pour chercher au fond
de leurs poches quelques pièces de monnaie,
qu'ils me remettaient en me chargeant de faire
prier Dieu pour eux après leur mort... Sous
l'impression de terreur que causait le choléra,
les sentiments de foi se ranimaient dans tous
les cœurs. Les officiers étaient les premiers à
recourir à mon ministère, et ils venaient me
trouver à toutes les heures du jour et de la nuit.
Quelquefois j'entendais leur confession en me
rendant d'un hôpital à l'autre ; d'autres fois
je les rencontrais m'attendant sur les escaliers intérieurs de l'hôpital. Je m'appuyais
sur les mêmes escaliers ; ils se mettaient à genoux à mes côtés et recevaient le pardon de
leurs fautes. Quand ils m'apercevaient dans les
rues, ils descendaient de cheval, me remer-
ciaient affectueusement, et ajoutaient presque
toujours : « Surtout, si je suis atteint, ne man-
« quez pas de vous rendre au premier appel. »
Tous les soirs, nous avions une cérémonie religieuse pour l'enterrement des officiers. Un
jour que j'avais sous les yeux sept ou huit

bières et autour de moi l'état-major de tous les régiments, je demandai la permission d'adresser quelques paroles. Debout sur une tombe, je parlai pendant une heure. Jamais je n'avais contemplé de spectacle plus émouvant : je voyais de grosses larmes couler de tous les yeux et je n'entendais autour de moi que des sanglots. »

Le 20 juillet un nouvel aumônier arriva à Gallipoli. Le P. Gloriot trouva encore assez de force pour l'initier à ses fonctions, puis il entra lui-même à l'hôpital. Cette fois il put recouvrer la santé. Il vint à Paris, non pour se rétablir complètement, mais pour travailler à l'amélioration du service spirituel de nos hôpitaux. L'Empereur instruit de tout ce qu'il avait fait, voulut le voir, afin de le remercier au nom de l'armée. Le P. Gloriot s'embarqua de nouveau pour l'Orient et reprit bientôt son poste près de nos malades et de nos blessés. Il ne devait pas le garder longtemps.

On le vit à Constantinople comme à Gallipoli se vouer avec un abandon absolu, un oubli complet de lui-même, aux doubles travaux du prêtre et de l'infirmier. Au risque de déranger l'ordre des faits, nous voulons donner tout de suite, d'après un journal de Constantinople, la *Presse d'Orient*, quelques détails sur cet homme apostolique et sur les aumôniers qui l'avaient précédé dans la tombe.

« Le P. Gloriot naquit à Pontarlier, département du Doubs, en 1810. Un de ses oncles, qui était membre de la Compagnie de Jésus, prit soin de son éducation et le fit entrer au collége de Saint-Acheul. Après des études brillantes, il fut admis à faire son noviciat. Devenu membre de la Compagnie de Jésus, il alla à Fribourg, en Suisse, dans le fameux collége que son ordre y possédait. Il y est demeuré l'espace de dix-sept à dix-huit ans.

« Lorsque la campagne d'Orient fut résolue, le P. Gloriot se trouvait à Paris, prêchant dans l'église de Notre-Dame-de-Lorette. Le maréchal Saint-Arnaud eut occasion de le voir et le demanda à ses supérieurs. Ceux-ci accédèrent à la demande du maréchal, et le Père Gloriot partit tout heureux d'obéir et de se dévouer. Après une petite excursion à Constantinople, il se trouvait de retour à Gallipoli, juste au moment où le choléra exerçait d'affreux ravages dans le camp français. Il fut admirable de courage et de zèle auprès des malades. Quand la maladie eut disparu, il vint à Constantinople rétablir des forces prêtes à lui faire défaut. Le repos qu'il prit à l'hôpital civil français, les soins qu'en eurent les Sœurs de la Charité, les distractions que lui procurèrent certaines fonctions en ville, telles que retraites et missions, le mirent bientôt à même de reprendre un emploi dans l'armée. Il désira faire le service spirituel du grand hôpital de Péra, où se trouvait un prêtre Lazariste. Sa demande fut agréée.

« Lorsque les restes du maréchal arrivèrent à Constantinople, l'abbé Ferrary, aumônier adjoint à l'aumônier en chef, fut d'abord prié de les accompagner en France; puis ensuite cette mission fut déférée au P. Gloriot. M. l'abbé Ferrary continua d'accompagner les blessés et et les malades qu'on évacuait de la Crimée sur Constantinople, jusqu'au moment où Dieu vint le prendre au milieu de ses extraordinaires fatigues. Pendant son voyage en France le P. Gloriot reçut la croix d'honneur des mains de Napoléon III.

« L'hôpital de Péra n'était pas demeuré sans aumônier. Un prêtre Lazariste y fut encore une fois déployer son zèle jusqu'au moment où arriva M. de Geslin. M. de Geslin, jeune ecclésiastique plein de zèle et de vertu que la mort devait enlever si vite à l'armée française, fut donc provisoirement aumônier de l'hôpital de Péra. A son retour de France, le P. Gloriot demanda et obtint de l'avoir avec lui; mais l'administration crut devoir les séparer. Plusieurs hôpitaux manquaient d'aumôniers.

« M. l'abbé de Geslin était de Metz. Homme d'un grand talent, mais surtout d'un excellent caractère, il gagnait les cœurs de tous ceux qui avaient l'occasion de le connaître. Transféré de l'hôpital de Péra à celui de Gulhané, il y est demeuré environ trois mois, jusqu'au moment où il dut aller remplacer l'abbé de Ribeins dans les fonctions d'adjoint à l'aumônier en chef. La nouvelle de sa mort est arrivée au P. Gloriot quelques heures seulement avant qu'il ne mourût lui-même.

« Le P. Gloriot avait été lui aussi, mandé à Sébastopol pour être l'aumônier en chef d'un corps d'armée. Mais cette nomination le contrariait fort. Il en attendait une autre remplie d'inconvénients, de fatigues et de labeurs pénibles. Sa nomination d'aumônier en chef des hôpitaux de Constantinople vint en effet. Mais cette nomination n'entrait pas dans les desseins de Dieu, qui le retira de ce monde quelques heures avant que les pièces officielles ne pussent lui être remises. »

Quand mourut le R. P. Gloriot (avril 1855), l'armée d'Orient avait déjà perdu trois de ses aumôniers. D'autres pertes sont venues allonger cette liste funèbre, qu'il n'est pas temps de clore ; car les aumôniers, comme les soldats, resteront à leur poste jusqu'à la fin et, s'il le faut, jusqu'au dernier.

« Le P. Gloriot, ajoute la *Presse d'Orient*, est enseveli dans les cavaux de l'archevêché de Constantinople : l'abbé Ferrary, dans ceux des prêtres Lazaristes ; l'abbé de Geslin repose à Sébastopol ; et le quatrième, dont nous ignorons le nom, à Varna en Bulgarie. »

Quelques jours avant sa mort, le R. P. Gloriot avait écrit sur les sentiments de notre armée
d'Orient et sur les épreuves qu'elle subissait,
une lettre que l'*Univers* a publiée dans son numéro du 23 juin 1855, et dont voici quelques
passages :

« Puisqu'on me laisse quelques instants de
loisir, un mot encore sur les dispositions religieuses de l'armée, sur les consolations que nous
offre notre ministère et sur les avantages que
la religion doit retirer de cette guerre. Les dispositions de l'armée sont parfaites. Je voudrais
pouvoir publier bien haut et faire connaître à
la France ce qu'elle ignore peut-être, c'est-à-
dire que l'armée a su garder, bien mieux que
toute autre classe de la société française, les
traditions religieuses. Notre ministère est partout bien accueilli ; il est évident pour tout le
monde que le prêtre est aimé, respecté, parfaitement vu de tous, des officiers comme des
simples soldats. Je n'ose pas dire que tous les
cœurs sont convertis, mais les esprits sont ré-
conciliés avec la religion, et le voltairianisme
aura beau faire, il ne parviendra pas, avec son
sourire moqueur, à briser l'union qui s'est éta-
blie ici entre le prêtre et le soldat, par la communauté des mêmes souffrances..... A quoi
attribuer ces dispositions si favorables ? A bien
des causes sans doute : d'abord à l'action
qu'exercent toujours sur toutes les sphères in-

férieures les exemples partant des hautes ré-
gions du pouvoir. On sait que l'Empereur favo-
rise beaucoup les aumôniers, c'en est assez
pour que ceux qui ont des dispositions bienveillantes les manifestent hautement et pour
que les autres se renferment dans les limites du
respect extérieur. Aussi est-il sans exemple
qu'un aumônier ait eu à se plaindre d'un manque de procédés de la part de qui que ce soit.

« J'ajoute que je crois remarquer ici l'action
d'une grâce providentielle et du moment. Vous
savez par quelles voies extraordinaires Dieu
avait ramené le maréchal de Saint-Arnaud aux
pratiques de la religion, et personne n'ignore
que sa mort a été des plus édifiantes. Les trois
généraux que nous avons perdus depuis l'ouverture de la campagne, ont appelé le prêtre
auprès de leur lit de douleur. Le général de
Lourmel, dont la mort a été si glorieuse, dont
la mémoire est encore vivante dans l'armée,
s'est hâté, aussitôt qu'il s'est senti atteint d'une
blessure grave, de faire demander l'aumônier:
quelques jours après, lorsqu'il fut prouvé à ses
yeux qu'il n'avait que quelques instants à vivre, il envoya chercher deux aumôniers:
celui de la 4e division et le P. de Damas, par
la crainte qu'il avait de mourir sans sacrements. Ces exemples doivent nécessairement
porter leurs fruits, parce qu'ils sont donnés par
des hommes chez qui le caractère personnel et

les brillantes qualités relèvent encore, s'il est possible, le sentiment religieux.

« J'aurais mille traits à vous rapporter pour confirmer cette pensée que l'armée est religieuse dans les chefs aussi bien que dans les soldats. Aussi j'ai été bien édifié, pendant mon séjour au quartier-général, de voir le général Canrobert, accompagné de tout son état-major, se rendre, le dimanche, à neuf heures précises, dans la pauvre masure du P. Parabère pour y entendre la messe. Ces messieurs n'y ont pas manqué une seule fois pendant l'hiver, et je vous assure qu'il y avait du mérite dans cette action ; il fallait souvent braver un froid très-rigoureux, brasser la neige et rester pendant une demi-heure dans une chapelle qui ressemble assez à l'étable de Bethléem, c'est-à-dire qu'elle est ouverte à tous les vents, sans plancher, sans chaises, etc. C'est habituellement un des officiers d'ordonnance du général qui sert la messe.

« La consolation la plus douce pour nous, c'est de pouvoir nous dire que pas un militaire ne meurt sans recevoir les sacrements ; il me faudrait non pas des pages, mais des volumes, pour vous rapporter toutes les actions édifiantes, toutes les paroles admirables dont je suis le témoin ou que je recueille tous les jours. Jusqu'ici j'ai été seul appelé auprès des officiers gravement malades à Constantinople.

Tous se sont confessés et ont reçu l'Extrême-Onction. »

Il cherchait ensuite à comprendre le but providentiel de ces épreuves :

« Le plus cruel pour moi est de voir mourir sous mes yeux un si grand nombre de nos pauvres soldats. C'est un immense holocauste que la France offre ici à la justice de Dieu ; la souffrance est pour les nations, comme pour les individus, une condition de pardon, et je suis convaincu que dans les vues de la Providence les épreuves de l'armée d'Orient, religieusement soutenues, deviendront pour la France le principe de ces grâces extraordinaires que nous attendons tous après la promulgation du dogme de l'Immaculée Conception. »

CHAPITRE IV.

LA FRANCE CATHOLIQUE ET MILITAIRE EN GRÈCE.

Le général Mayran, l'un des officiers supérieurs qui succombèrent dans la première et infructueuse attaque contre Malakoff (18 juin 1855) avait été, en 1854, chargé d'occuper le Pirée, afin de contenir le mauvais vouloir du Gouvernement grec. La faible armée et la population de ce petit État essayaient de faire une diversion au profit des Russes en révolutionnant les provinces ottomanes limitrophes de la Grèce. Le roi et ses ministres ou ne pouvaient rien empêcher ou jugeaient à propos de tout laisser faire.

La mission du général Mayran était donc très-difficile ; elle le devint plus encore, par suite de l'invasion du choléra qui sévit très-violemment et sur la population et sur nos troupes. Le général sut tenir la conduite la plus

digne et la plus ferme. Nos ennemis durent
eux-mêmes le proclamer. Nous n'avons pas à
expliquer ici avec quelle habileté loyale il vint
à bout des difficultés politiques qui l'entouraient; mais nous voulons montrer qu'il savait
songer à l'âme de ses soldats. On comprendra,
en lisant ces détails, l'accent de diverses lettres
publiées à l'occasion de sa mort par les journaux, lettres, où ses frères d'armes, ceux qui
l'avaient vu combattre et mourir, louaient,
dans les meilleurs termes, sa rare énergie, ses
sentiments élevés, et exprimaient, avec noblesse, les regrets de l'armée entière.

Un Lazariste chargé de la mission de Salonique, M. Lepavec, rentrait en France pour
cause de maladie. Son bâtiment fait escale au
Pirée; il descend chez le curé catholique, dom
Marino Duvani. Le choléra avait attaqué la division qui occupait ce port, et le curé connais-
sant la langue française, s'était fait l'aumônier
de nos soldats. Le 16 juillet 1854, il fut atteint
lui-même par la maladie. Aussitôt M. Lepavec
offrit ses services au général Mayran, qui les
accepta avec empressement et reconnaissance.
Cet officier fit cependant une observation. « Je
ne vois qu'une difficulté, dit-il, c'est celle de
votre traitement; car vous n'appartenez pas au
corps des aumôniers. Mais cette difficulté, je la
résous en mettant à votre disposition ma bourse,
qui est suffisante pour deux. » Le mission-

naire, touché de cette offre, répondit que la question du traitement l'inquiétait fort peu. « Alors, tout est arrangé, répliqua le général, et je vous reconnais pour aumônier de ma division. » M. Lepavec entra immédiatement en fonctions, car il y avait urgence : la veille on avait perdu seize hommes. Ce jour-là on en perdit quatorze ; le lendemain le chiffre descendit à douze, pour s'élever quelques jours plus tard à vingt-sept. Tous se confessèrent.

Dom Marino Duvani succomba le 17 juillet. Il avait conquis, par sa simplicité, sa bonté, son courage, le cœur de nos soldats. Le général Mayran et le contre-amiral Le Barbier de Tinan, suivis d'un grand nombre d'officiers de terre et de mer, assistèrent à ses obsèques. Ils tenaient à payer la dette de la reconnaissance.

Le premier soin du commandant des troupes françaises avait été, en apprenant la mort « du bon pasteur, » de s'assurer officiellement le concours de M. Lepavec. « Monsieur l'abbé, lui avait-il écrit, j'ai appris avec une douleur profonde la mort du digne abbé Dom Marino Duvani, dont le zèle apostolique ne s'est pas démenti un seul instant au milieu des ravages de la cruelle épidémie que nous subissons. Permettez-moi de solliciter votre concours pour continuer l'œuvre de courage et de dévouement de M. l'abbé dom Marino. » Un missionnaire ne refuse pas de pareilles offres. M. Lepavec resta et se chargea même par surcroît du service paroissial, afin que les catholiques du Pirée ne fussent privés d'aucune consolation religieuse.

On avait demandé des Sœurs de Charité à Smyrne. Le danger était pressant : le départ fut immédiat. « Les préparatifs du voyage se firent avec précipitation, écrivit plus tard une des Sœurs : le moment du départ venu, on se quitta. Des larmes furent versées, non par celles qui allaient au combat, mais par celles qui les voyaient partir. » La servante de Dieu ajoute avec une gaîté charmante : « M. le commandant du *Narval* nous reçut à bras ouverts, ainsi que tous les officiers de l'équipage. » Elle dit plus loin : « M. l'amiral et son état-major saluèrent notre arrivée par des démonstrations d'une vive allégresse. Un instant après, le général vint à notre rencontre sur le bateau ; il nous aborda si gracieusement que nous en demeurâmes toutes stupéfaites. Après nous avoir adressé un petit discours analogue à la circonstance, l'amiral nous confia aux soins du général, en lui disant que sa mission était finie. Celui-ci, fier de son nouveau régiment, nous fait monter dans sa barque et vient nous installer lui-même à l'ambulance. » En voyant les Sœurs, plusieurs soldats s'écrièrent : « Maintenant nous entrerons sans peur à l'hôpital. » Il y avait beaucoup à faire, mais tout

se fit. Un protestant, frappé de surprise et
d'admiration, disait : Je ne puis comprendre
comment ces femmes si délicates peuvent supporter une si grande fatigue. — Il ne sait pas,
répondit une Sœur, que celui qui nous soutient
est appelé le Dieu des forts. »

Au mois d'octobre, la Sœur chargée d'organiser l'ambulance du Pirée dut retourner à
Smyrne. Voici la lettre que lui écrivit le général Mayran. Nous la reproduisons pour honorer
cet officier et non pour louer les Sœurs, qui
n'aiment point qu'on les loue :

« Camp du Pirée, 10 octobre 1854.

« Ma très-chère Sœur,

« Je ne vous laisserai point quitter le Pirée
sans vous remercier d'avoir bien voulu y venir,
sur la demande que j'en avais adressée à
Smyrne, au plus fort des calamités qui affli-
geaient nos pauvres soldats. Le choléra sévissait parmi nous avec une rigueur pour ainsi
dire sans exemple. Nous vous avons fait appel,
et, trois jours après, vous étiez ici avec six de
vos bonnes Sœurs, nous prodiguant tous les
soins, tout le dévouement qu'on est habitué à
rencontrer dans les moindres membres de votre
sainte Communauté.

« Votre présence nous est venue grande-
ment en aide pour rendre le courage à tout le
monde.

4

« Grâces vous en soient rendues, ma très-chère Sœur ! Je vous en exprime toute ma reconnaissance : veuillez, je vous prie, l'agréer en mon nom et au nom de tout le corps d'occupation que je commande. Le bon souvenir que vous nous laissez, ma très-chère Sœur, ne s'effacera jamais.

« Je vous présente l'hommage de mon bien sincère et respectueux dévouement.

« Le Général de brigade, commandant le corps d'occupation en Grèce,

« MAYRAN. »

L'armée se montrait en Grèce, comme partout, digne de cette ardente sollicitude : « Les soldats aiment et respectent beaucoup les Sœurs, écrivait un missionnaire. Je remercie Dieu de m'avoir fourni cette occasion de connaître l'armée : elle est pleine de foi, de courage, de résignation… Ce champ, cultivé par de bons aumôniers, peut produire des fruits abondants de salut. » Nous avons déjà trouvé ce témoignage en plusieurs endroits ; nous le trouverons partout. « Ils sont soldats de Dieu, ces soldats de France, » a-t-on dit avec un légitime accent de fierté.

M. l'abbé Lepavec resta près de nos malades jusqu'à l'arrivée d'un prêtre envoyé de France avec le titre d'aumônier du corps d'armée d'occupation. Le général Mayran sut dignement apprécier cette conduite. Voici un extrait du rapport qu'il adressa au ministre de la guerre sur les épreuves auxquelles le choléra avait soumis sa brigade :

« M. l'abbé Lepavec, prêtre Lazariste français, missionnaire de Salonique, qui passait au Pirée pour se rendre aux eaux de Vichy, qui lui avaient été ordonnées pour sa santé, arriva précisément le jour où le vénérable abbé dom Marino succombait. Cet ecclésiastique, voyant notre détresse, et ne pouvant se décider à laisser tant de moribonds privés des secours de la religion, renonça spontanément à son projet, s'installa au milieu de l'hôpital et se montra animé, à l'égard de nos pauvres soldats, d'une charité et d'un zèle tout chrétiens, dont je ne saurais me dispenser de lui témoigner une bien vive reconnaissance. »

Nos troupes ont voulu, en Grèce comme en Turquie, faire hautement profession de catholicisme. Le jour de l'Assomption, une messe solennelle, précédée d'une revue, fut célébrée en plein air, sur la demande du général Mayran, devant la garnison française du Pirée. A l'évangile, M. Lepavec engagea l'armée, par quelques paroles bien senties, à se mettre sous la protection de la sainte Vierge afin qu'elle obtînt de son divin Fils la cessation du fléau. La bénédiction du Saint-Sacrement termina la cérémo-

nic religieuse, à laquelle le ministre de France
et un membre du ministère grec assistaient.

Vers le milieu de septembre, les cas de choléra devinrent assez rares parmi nos troupes
du Pirée, et l'un des témoins de ces scènes de
deuil écrivait : « Les Sœurs commencent à
s'ennuyer ici. » Elles savaient que l'épidémie
sévissait ailleurs. Mais leur œuvre en Grèce
n'était point terminée. La population du Pirée
et celle d'Athènes furent cruellement atteintes.
Un champ nouveau était ouvert au dévouement de nos religieuses : elles se mirent à
l'œuvre. D'autres que nous vont dire avec
quel succès. Voici la note que publiait le *Moniteur*, dans son numéro du 25 décembre 1854 :

« Les Sœurs de Charité quittent Athènes
emportant la reconnaissance de toute la population. M. Mavrocodarto (chef du ministère
grec) a adressé, à l'occasion de leur départ, au
ministre de France à Athènes, la lettre suivante :

« Athènes, le 26 novembre (8 décembre) 1854.

« Monsieur le Ministre,

« Le Ministre des Cultes et de l'Instruction
« publique, partageant les sentiments d'es-
« time et de gratitude dont le noble dévoue-
« ment manifesté par les Sœurs de Charité,
« dans les moments où la santé publique a été
« si cruellement éprouvée, a rempli l'âme de

« tous les habitants de la capitale et du Pirée,
« et désirant leur faire parvenir une nou-
« velle expression de ces sentiments, m'a fait
« parvenir la lettre ci-jointe, qu'il adresse à
« la supérieure des Sœurs de Charité qui se
« trouvent à Athènes et au Pirée, et me de-
« mande de la faire parvenir à sa destina-
« tion. »

Voici la lettre du ministre des cultes, M. Ar-
gyropoulo :

« Très-révérende dame, secourir les in-
firmes, consoler les affligés, soulager les malheureux et appliquer ainsi le deuxième des
grands commandements dont dépendent *les
lois* et *les prophètes,* c'est là le noble but de
votre sainte mission. Cette mission sacrée ne
peut, certes, attendre la rémunération qui lui
est due que de Celui qui a dit : « Ce que vous
« ferez en faveur du moindre de mes frères,
« c'est à moi-même que vous l'aurez fait. »

« Et, en effet, quelle récompense sur la
terre peut être digne de l'abnégation et du
dévouement avec lesquels vous vous consa-
crez au soulagement de l'humanité souffrante,
ainsi que du zèle empreint d'une charité si
chrétienne dont vous avez donné dernièrement à Athènes, un si éclatant et si admirable exemple, en prodiguant les soins les
plus assidus, les consolations les plus douces
et les secours les plus efficaces aux malheu-

4.

reuses victimes du fléau dont cette ville a tant souffert, qui ont eu le bonheur de profiter de votre inépuisable charité ?

« Je croirais néanmoins manquer à l'un des plus impérieux devoirs du département dont je suis provisoirement chargé, si, lorsqu'au milieu d'une cruelle épidémie vous êtes apparues comme des anges de consolation et d'espérance, je ne vous faisais parvenir l'expression officielle de la gratitude du gouvernement, ainsi que les sentiments dont votre dévouement exemplaire a rempli l'âme de tous les Grecs en général, et notamment des habitants de cette capitale.

« Le Dieu de charité, qui punit tour-à-tour et console, daignera, nous osons l'espérer, détourner de nous sa colère, et bientôt, peut-être, d'autres infortunés réclameront ailleurs vos soins et admireront vos vertus. Mais les vœux des malheureux soulagés par vos soins vous suivront partout, très-révérende dame, et, pour ma part, je m'estime heureux d'avoir été à même de vous transmettre, ainsi qu'à vos nobles compagnes, l'expression de la reconnaissance publique, à laquelle j'ai l'honneur de joindre l'assurance de mon propre respect. »

Le préfet de l'Attique et de la Béotie et le directeur de la police voulurent remercier les

Sœurs « au nom même de la commune d'Athènes. » Voici un passage de leur lettre :

« Dédaignant les dangers et les dégoûts avec
un courage à toute épreuve, vous avez prêté
aux malades secours et consolation en méri-
tant le nom qu'à juste titre vous portez.

« La nation Grecque, qui compte plus d'un
mémorable bienfait de la part de votre grande
nation, n'oubliera jamais, soyez en bien con-
vaincues, votre charitable association, qui,
réalisant sur la terre des vertus évangéliques,
attire l'admiration et les sympathies du monde
entier. »

Les Russes ont des popes à Athènes, mais
personne n'a entendu parler des secours donnés aux victimes du choléra par ces ministres
du schisme.

Le protestantisme compte bien aussi quelques
représentants en Grèce. Ces distributeurs de
Bibles ont été invisibles au moment du danger.

CHAPITRE V.

LE CAMP DE VARNA.

SOLDATS, AUMONIERS ET SOEURS DE CHARITÉ.

Le camp de Varna était plus nombreux que celui de Gallipoli, et le mal y sévissait tout aussi cruellement. Chacune des quatre divisions dut avoir son hôpital. Le maréchal Saint-Arnaud avait demandé des Sœurs de Charité. Dix des religieuses établies à Constantinople répondirent immédiatement à son premier appel. Deux Lazaristes les accompagnaient : M. Boré, préfet apostolique de la congrégation, et M. Regnier. Le R. P. Parabère, aumônier en chef, qui comptait déjà deux malades parmi ses auxiliaires, reçut avec joie ce précieux secours. Lorsque les religieuses entrèrent dans le grand hôpital, un soldat, exprimant les sentiments de tous, s'écria : « A présent que nous avons nos Sœurs, nous ne mourrons plus. » Avec quel

respect ils répétaient ce nom de Sœur, et quel
soulagement cette confiance apportait déjà à
leurs maux !

I.

Un fervent chrétien qui habite Constantinople a donné dans les pages suivantes un
aperçu de la mission remplie par les Sœurs: (1)

« ... Il s'agit de nos *soldats* et de nos *Sœurs*.
Eh bien ! soit. Mais en divisant le sujet, je sens
qu'il se lie et se pénètre si bien dans ses deux
parties qu'on peut véritablement les unir. Et
d'abord, ne sont-ce pas les enfants de la même
patrie, nourris des mêmes idées, ayant la même
foi au fond, et le même dévouement ? Les uns
et les autres ont tout quitté pour l'obéissance,
et ils combattent le même ennemi, seulement
avec des armes différentes.

« Les soldats ont tant de sympathie pour les
filles de la Charité, qu'en les voyant arriver

---

(1) Cette lettre est textuellement empruntée au vingtième chapitre du livre : *L'Église, la France et le schisme en Orient*. Nous
répétons que ce n'est pas le seul emprunt que nous ayons fait à
cet ouvrage, et nous rappelons que le sujet dont nous nous occu-
pons exclusivement ici ne forme, en quelque sorte, qu'un détail de
ce premier livre, puisqu'il n'y occupe qu'un chapitre sur vingt-
deux. Ces *Récits* sont consacrés à peu près exclusivement aux
faits religieux, tandis que l'*Église, la France et le Schisme en
Orient* traite de toutes les questions historiques, politiques et religieuses que le titre indique.

dans les hôpitaux où le choléra les décimait, leur premier cri était : « *A présent nous ne mourrons plus, nous avons les Sœurs.* Ce cri du cœur se produisait par d'autres réflexions, comme celle-ci : « *Ah ! ma Sœur, vous me rappelez ma mère* » et de la sorte un mourant annonçait qu'il était consolé, ou bien qu'il cédait à la douce et sainte exhortation qui le pressait de songer aux intérêts de son âme. C'est le moment où la Sœur tirait de sa poche la médaille de l'*Immaculée Marie*, et la passait au cou du malade. Les âmes saisies par ces lacs sont innombrables; on n'a vu aucun soldat les repousser. Tous, lorsqu'ils n'avaient pas déjà la médaille, la sollicitaient ou la recevaient avec reconnaissance. Plus d'un moribond, qui ne pouvait déjà plus répondre au dernier appel du prêtre (et de qui celui-ci voulait savoir s'il avait eu le temps de recevoir les sacrements), tirait avec sa main glacée la médaille suspendue sur sa poitrine et la montrait, pour faire entendre qu'*avec elle tous les biens lui étaient venus.*

« Je parle ici surtout des scènes du choléra, et des victimes de ce fléau *miséricordieux,* bien qu'il paraisse n'être que l'exécuteur de la justice divine. Comme il est arrivé à point, pour réveiller la foi dans les âmes qui l'avaient laissée s'éteindre, et pour l'accroître ou la fortifier en celles qui possédaient ce don de Dieu!

Avec ses effroyables ravages, le choléra a été une admirable préparation pour la *guerre sainte*. Il a prélevé sur l'armée la dîme des élus; il l'a fortifiée; les désastres du début ont été une source de succès pour l'avenir. La confiance inspirée aux alliés par leurs propres forces était telle qu'ils avaient cru pouvoir se passer de l'assistance de Dieu, et Dieu s'est servi de ce moyen pour leur rappeler qu'il est toujours *le Dieu des armées*. Puis l'opportunité du rétablissement des aumôniers n'aurait pas été aussi bien démontrée et surtout l'on n'eut pas recouru aussi promptement à leur ministère. Le choléra a encore été l'introducteur des Sœurs dans les hôpitaux militaires, qui, sans cette circonstance, continueraient d'être desservis comme par le passé, c'est-à-dire avec moins d'ordre, de propreté, et surtout de profit spirituel. Aussi y a-t-il lieu de croire que la guerre d'Orient servira d'antécédent pour l'application définitive et générale du service des Sœurs dans les hôpitaux ou les ambulances de l'armée (1).

« Les Sœurs se prêtent tout naturellement à cet office. La règle de leur institut les a déjà façonnées à la discipline militaire, et leur régularité uniforme plaît au soldat. Arrachées la plupart aux classes ou à d'autres offices non

---

(1) Cette précision s'est réalisée.

moins pacifiques, quand elles durent partir pour Gallipoli ou pour Varna, elles disaient gaîment à leurs amis de Constantinople, — et je crois être du nombre, — qu'*elles allaient à la guerre le sac à la main*, au lieu de l'avoir sur le dos. En effet, leur mince bagage tient dans le petit sac bleu et uniforme qui les suit dans leurs voyages. Habituées aux fatigues et aux privations de tout genre, elles affrontaient le mal de mer et ne s'étonnaient point du dénû- ment des réduits qui leur étaient assignés. Ré- jouies d'avoir l'occasion de pratiquer néces- sairement une plus stricte pauvreté, elles trou- vaient dans cette disette et dans les petites industries qu'elle leur suggérait un fonds iné- puisable de plaisanteries et de bonne humeur. C'est ainsi qu'un de vos amis les a vues au milieu de l'hôpital de Varna, alors foyer d'une infection pestilentielle qui l'avait fait évacuer. L'unique chambre disponible pour elles leur servait de dortoir, de réfectoire, d'ouvroir, de salles de réception et de chapelle. Quelques draps tendus la divisaient en alcôves ou cabi- nets, et, dès cinq heures du matin, un autel, élégamment improvisé, les réunissait toutes pour le saint sacrifice. Le servant du mission- naire était le soldat qui servait d'*ordonnance* aux Sœurs, à moins qu'il ne fût remplacé par par quelque officier ou capitaine de vaisseau, spectacle que MM. Boré, Regnier, Parabère,

Ferrary ont vu plusieurs fois à leur grande satisfaction. A ce sujet, l'un d'eux rappelait avoir donné dans cette chapelle improvisée la communion à un jeune capitaine d'artillerie, qui lui dit après son action de grâces: « Je « partirai désormais plus content pour la Crimée, où j'aurai probablement l'avantage de « débarquer le premier avec ma batterie. » Depuis, j'ai ouï dire qu'un boulet avait, à la journée d'Alma, emporté ce brave et pieux officier.

« C'est dans cette même chambre que fut offert le touchant spectacle de l'une des Sœurs en proie à la maladie qu'elle avait gagnée près de nos soldats. Les premiers symptômes inspirèrent autour d'elle de vives inquiétudes ; mais la pieuse servante de Dieu, préoccupée seulement de la pensée de la mort, dit au prêtre qui lui apportait l'Extrême-Onction : « Quel bon- « heur ! vous me signez mon passeport ! » puis elle calculait si elle pourrait être *prise* par la sainte Vierge le jour de sa belle fête de l'Assomption. Son sacrifice ne fut consommé que le lendemain, et lorsqu'elle était prête d'expirer, ses compagnes, jalouses de la préférence qui lui était accordée, puisqu'elle était la plus jeune et la plus forte, s'en plaignaient hautement et la chargeaient de les en dédommager là-haut, en leur obtenant de la sainte Vierge la même grâce ou quelque autre semblable.

5

La mourante réunissait tout ce qu'elle avait de force pour s'unir aux prières des agonisants que prêtres et religieuses récitaient, rangés en cercle autour de son lit, et lorsqu'elle ne pouvait plus parler, elle souriait encore.

« Les filles de la Charité ont communément dans ces derniers instants une récompense sensible des services qu'elles ont rendus au prochain. « Plusieurs d'entre elles, me disait « une de leurs vénérables supérieures, jouis- « sent déjà de la vue de la sainte Vierge, et « j'en ai assisté quelques-unes qui me la mon- « traient leur tendant les bras. »

« Il faut dire aussi que la tendre dévotion qu'elles ont pour Marie et le zèle qu'elles mettent à propager son culte, sont bien propres à attirer ses faveurs particulières. Si elles la nomment leur *Mère*, elles sont bien traitées aussi en filles privilégiées, témoin le choix qui fut fait de l'une d'elles, en 1830, pour l'apparition et la propagation de la médaille *miraculeuse*, qui n'a pas peu contribué à répandre et à fortifier la foi à l'Immaculée Conception.

« Si l'une d'elles seulement a succombé dans l'hôpital de Varna, presque toutes les autres ressentirent plus ou moins les atteintes du fléau ou des autres maladies qui lui servaient de cortége. Ainsi, trois ou quatre furent attaquées d'une jaunisse très-prononcée. Celles-là, dans leur aimable langage, se nommaient les sœurs *décorées*. Une autre contracta la petite-vérole en soignant des variolés ; et comme le médecin s'apitoyait sur son sort, et l'engageait à accepter un masque de poix pour être moins défigurée, sans quoi, ajoutait-il, elle ressemblerait à une vielle : « Qu'ai-je besoin, reprit « la Sœur avec un éclat de rire, d'être plus « belle qu'une vieille femme ? »

» Une d'elles encore, d'un caractère gai et ouvert, ayant dans ses attributions, à Galli-poli, la salle des cuirassiers et des artilleurs, leur dit en les abordant : « Ah ! mes amis, je « vais bien vous soigner, car j'aurais trop de « regret que la belle race se perdît chez « nous. » Cette naïveté lui avait bientôt gagné tous les cœurs, comme l'on pense, et la bonne fille exploitait la confiance de ses malades dans l'intérêt du bon Dieu. Elle les exhortait donc à se confesser. Comme il n'y avait dans ce moment pour aumônier qu'un Père dominicain, accouru généreusement à Gallipoli pour remplacer l'aumônier en titre, absent, nos soldats, qui ne connaissaient point encore son habit blanc et qui en attendaient un noir, faisaient à la Sœur des objections, en lui disant qu'il était *moine* et non pas prêtre. — « Je vous l'assure, mes amis, il « est bien prêtre. — Mais, ma Sœur, prêtre à « dire la messe ? ajouta l'un d'eux. — Sans « doute, répondait la Sœur : j'y assiste chaque

« matin, et c'est même lui qui me confesse.
« — Ah bien, reprirent-ils, il est donc réelle-
« ment prêtre ! » Le cas de conscience était
résolu pour eux, et ils faisaient ensuite comme
la Sœur.

« L'action favorable de la religieuse hospitalière auprès du chevet d'un malade tiède ou
incrédule est connue ; mais près du soldat l'ef-
ficacité de son intervention est encore bien
plus sensible. C'est elle qui prépare toute la
besogne à l'aumônier : elle aplanit les voies,
prédispose les incertains, affermit les chance-
lants, attire les timides et signale ceux qui
sont dans un danger pressant. « Plusieurs
« fois, disait un des prêtres du camp de Varna,
« parcourant le camp des malades, assisté de
« quatre Sœurs qui exploraient les tentes en
« prenant *leurs notes*, je me comparais à un
« chasseur spirituel que secondent d'ardents
« et de fidèles limiers, et j'offrais cette chasse
« fructueuse des âmes en compensation de
« celle qui avait autrefois trop occupé le temps
« de ma frivole jeunesse. »

« Les deux sentiments qui agissent sur le
soldat à la vue de la Sœur infirmière sont l'admiration et le respect religieux de son dévouement. « Quoi ! vous venez si loin nous
« soigner, leur disait un zouave blessé, et,
« comme nous, vous ne craignez point de
« quitter la patrie ? » La Sœur entre-t-elle dans

la salle, les visages tristes s'épanouissent, les
conversations déplacées cessent, et les attitudes
mêmes deviennent plus dignes, Un malade se
croit-il traité injustement par son *major*, soit
en étant mis à la diète ou astreint à prendre
quelque médecine peu agréable, un mot de la
Sœur le persuade et le calme. Cette longue
moustache, qui accuse un caractère rude, fier
et ne pliant jamais, devient tout à coup docile
et souple comme un petit enfant. Ayant plusieurs fois eu occasion de demander à une
Sœur comment elle se tirait d'affaire avec ses
cent malades : « Oh ! Monsieur, reprenait-elle,
« ils sont plus faciles à mener que mes petites
« filles de la classe que j'ai quittée pour les
« venir soigner. »

« Il est facile de comprendre les avantages
que trouvent les malades à être soignés par
ces mains habiles et ces cœurs dévoués. Je
crois que l'État, de son côté, ne peut qu'y gagner. Il y a économie dans toutes les dé-
penses. Parfois, en visitant nos hôpitaux, nous
ne pouvions, moi et ceux avec qui je me trouvais, nous empêcher de rire en voyant des
conscrits, infirmiers improvisés, manier les
malades comme leurs armes, en trois temps,
les appeler *pauvres diables* pour les consoler,
et leur dire, comme exhortation à la mort,
qu'ils allaient bientôt *tourner l'œil* ou *faire
leur paquet*. D'autres avaient des torts plus

graves ; mais il en est, en revanche, il faut le
dire, qui se montraient les dignes auxiliaires
des religieuses, et qu'on aurait pu prendre
pour des frères de Saint-Jean-de-Dieu.

« Je m'arrête ici, non pas que la matière
soit épuisée ; mais peut-on tout dire quand il
s'agit des œuvres de la charité chrétienne ? »

II.

Il serait impossible, assurément, de raconter toutes les scènes pieuses et solennelles qui
ont marqué la présence des prêtres et des religieuses au milieu de nos soldats, soit à l'hôpital, soit au camp, soit sur le champ de
bataille ; car on les trouve partout. Mais cependant j'ajouterai encore, dès à présent, divers détails à la noble et touchante lettre qu'on
vient de lire. Écoutons un de ces saints prêtres, de ces saints religieux qui luttèrent à
Varna contre l'épidémie :

» Nous avons eu souvent occasion d'admirer les desseins incompréhensibles et cachés
de Dieu, lorsque, par exemple, une méprise
providentielle nous amenait dans une tente
autre que celle où nous étions appelés, et que
là précisément se trouvait un moribond à qui
il restait tout juste assez de temps et de connaissance pour déclarer, avec un profond repentir, ses fautes, et en recevoir le pardon....
Deux moribonds, vers qui j'avais été conduit

par un de ces heureux hasards, que nous aimons mieux appeler les secrets jugements de la miséricorde et de la justice, méritèrent de recevoir leur Dieu pour la première fois. Ils le firent avec une piété qui arrachait les larmes des assistants ; et la même justice miséricordieuse leur rendit la santé du corps avec celle de l'âme.

« Quelques-uns étaient des modèles de patience. Je me rappelle entre autres un simple soldat du corps expéditionnaire qui fut envoyé dans la Dobrudja, vaste plaine marécageuse située à l'embouchure du Danube, et où le choléra, mêlé aux miasmes qu'elle exhale, emporta, dans l'espace de quarante-huit heures, près de deux mille hommes. Ceux qui restèrent en rapportèrent des fièvres pernicieuses ou des ulcères qui de tout leur corps ne faisaient qu'une seule plaie. Tel était l'état de ce pauvre soldat, qui se confessa, communia et reçut l'Extrême-Onction. Pendant les quinze jours qu'il attendit la mort, je le trouvai toujours en prière et joyeux ; et comme une fois je lui demandais quelle était sa consolation : « *C'est de ressembler, de la plante des pieds* « *jusqu'à la tête, à Celui que j'aime, et qui,* « *je l'espère, m'accordera bientôt le bonheur* « *de le voir et de le posséder.* » Un matin, je ne le retrouvai plus, et je regrettai de n'avoir pas été averti à temps ; j'aurais accompagné ses restes avec le respect dû à un prédestiné.

« Un autre, vieux dragon, marqué de plusieurs chevrons, vint à l'improviste s'adresser à moi lorsque je traversais le camp : « Monsieur le curé, me dit-il, vous avez « rendu les derniers devoirs à ma femme, la « cantinière, et je veux vous en remercier. « Elle était bien brave, car pendant les vingt- « six années que nous avons passées ensemble, « jamais il n'y a eu entre nous deux la plus « petite querelle. Aussi je vous prie de lui dire « demain une messe. — Volontiers, mon ami, « lui dis-je, mais à une condition.— Laquelle ? « répond le soldat qui s'imagine sans doute « toute autre chose que ce que je pensais. — « C'est que vous soyez en état vous-même « d'être utile à l'âme de votre chère femme, « et pour cela, il faut vous confesser. » Le dragon s'arrête un instant tout pensif et me dit : « Ah ! monsieur le curé, c'est qu'il y a « longtemps que je n'ai mis ordre à ma con- « science... » Puis obéissant à l'inspiration de la grâce, il s'écrie : « Êtes-vous prêt à m'en- « tendre ? — Oui, mon ami, répondis-je. » Et nous passons aussitôt dans une tente vidée le matin par la mort, qui avait enlevé un lieute- nant d'artillerie, du reste bien préparé à pa- raître devant Dieu. Nous entrons donc, et il s'agenouille au pied du lit, pendant que je me

tenais au chevet. Je l'entends, et il se relève
tout joyeux, comme allégé d'un poids écra-
sant, et il me dit : « Monsieur le curé, atten-
« dez. J'ai là mon fils, vrai dragon comme
« moi. Il m'avait accompagné ce matin pour
« préparer le service funèbre de sa mère, et
« je vais vous l'amener ; il en fera autant. »
Effectivement, je le vois revenir avec un ca-
valier à l'allure martiale, lequel entre aussi
dans la tente, se réconcilie avec Dieu et vient
le lendemain s'agenouiller à la sainte table, à
côté de son père, et unir ses prières aux
siennes et aux nôtres pour l'âme de sa mère. »

N'était-ce pas aussi un prédestiné, ce soldat
de l'hôpital de Dolma-Bagtché qui, privé de
ses deux bras, emportés du même coup avec
son fusil, répondait avec un pieux sourire à
la Sœur de Charité qui, tout en lui faisant
manger sa soupe, lui demandait s'il s'en-
nuyait : « Oh ! non, ma Sœur, parce que
maintenant je pense beaucoup plus à Dieu ? »

5.

CHAPITRE VI.

L'AUMONIER UN JOUR DE BATAILLE.

En dépit du choléra et de toutes les difficultés matérielles que devaient rencontrer les préparatifs d'une expédition comme celle que les alliés dirigeaient contre Sébastopol, l'armée anglo-française avait pris pied sur la terre russe. Le 20 septembre, nous battions Menschikoff à l'Alma. Je ne veux pas donner le récit détaillé de cette bataille. On sait que, malgré un peu de retard dans la marche des Anglais, l'ennemi fut partout culbuté au premier choc. Les Russes, écrivait Saint-Arnaud dans son rapport à l'Empereur, avaient réuni toutes leurs forces, tous leurs moyens pour s'opposer au passage de l'Alma. Le prince Menschikoff les commandait en personne. Toutes les hauteurs étaient garnies de redoutes et de batteries formidables... L'Alma fut traversée au pas de charge... On arrivait en bas

des hauteurs, sous le feu des batteries ennemies. Là, Sire, a commencé une vraie bataille
avec ses épisodes de brillants hauts faits et de
valeur. A quatre heures et demie, l'armée française était victorieuse partout. Toutes les positions avaient été enlevées à la bayonnette au
cri de vive l'Empereur ! qui a retenti toute la
journée ; jamais je n'ai vu enthousiasme pareil ; les blessés se soulevaient de terre pour
crier. »

C'est bien l'accent du général brûlant encore du feu de la victoire. Écoutons maintenant un aumônier écrivant à un de ses
amis, quinze jours après la bataille, et lui re-
traçant ses impressions dans une causerie
toute intime. Cette lettre est du R. P. Parabère,
aumônier géneral. On reconnaîtra facilement
qu'elle n'a pas été écrite en vue de la publicité.

« ..... Je cheminais parmi les premières lignes des tirailleurs, songeant très-peu aux
Russes, mais beaucoup à nos pauvres hommes
que j'allais voir écharper. Tout à coup, j'entends la fusillade à un kilomètre environ. Mon
bel et bon coursier d'Afrique (celui dont je
vous ai parlé quelquefois) dresse la tête et les
oreilles. Son maître le comprend, et cinq minutes après nous étions à notre poste. Sitôt arrivé, je vois quelques malheureux frappés à
mort : sauter auprès d'eux, les absoudre, re

monter à cheval et aller à d'autres, ce fut l'affaire de quelques instants. J'attendais... lorsqu'un plomb meurtrier vint faire bondir ma noble bête. Je devine ce qui est arrivé, et bientôt j'ai la certitude que la blessure est mortelle... mon pauvre cheval avait un boulet dans les flancs. Adieu cavalerie, me voilà fantassin. Comme les boulets et les balles se faisaient par trop nombreux, attendu qu'on en voulait à l'artillerie près de laquelle je me trouvais, je ne vis rien de mieux à faire pour abriter votre ami que de me placer derrière un caisson en attendant le moment où je serais nécessaire. J'y étais depuis cinq minutes, lorsqu'un boulet vint frapper par le milieu du corps un cheval attelé audit caisson, et m'apprendre, ce que je savais déjà, que la meilleure redoute c'est la confiance en Dieu et l'abandon entre ses mains. Je me suis donc écrié : *En avant !* Il fallait traverser la rivière. Savez-vous comment je m'en suis tiré ?... J'y ai mis plus d'esprit que vous ne supposez. N'ayant nulle envie de prendre un bain, j'enfourche un caisson d'artillerie, et je passe sur ce véhicule, aux vivats joyeux de nos fantassins qui sont là à patauger comme de vrais canards.

« Nous avons repoussé l'ennemi avec un tel entrain, une telle vigueur, que c'était presque incroyable. Quand, du haut des positions russes, nous avons regardé en arrière, il était, en vérité, impossible de ne pas se dire avec un sentiment d'orgueil national : Que le Français est brave ! Là nous eussions défié cent mille hommes, et l'on n'a pu nous y arrêter un seul moment !

« J'ai donc vu cette fois, ce qui s'appelle vu, un vrai champ de bataille, où le canon et les obus hâtent la besogne (1). Il n'y vont pas de main morte, je vous assure ; et cependant, au milieu du carnage, l'esprit préoccupé des secours à donner aux moribonds, on ne se sent ni frappé, ni ému, et, surtout, on n'est pas effrayé. Tout ce qu'on se permet, c'est une apostrophe à quelque boulet, quand il vous approche sans vous toucher ; apostrophe qui est suivie de nombreux lazzis de la part des soldats, qui rient presque dans les bras de la mort.

« Que de faits touchants et édifiants que je ne puis conter en ce moment ! Ah ! que le cœur français est bon et généreux ! Arrivé aux premières lignes avec les zouaves d'Algérie, lignes faciles à reconnaître par les nombreux Russes qui couvraient le terrain, je vis le plus touchant spectacle : nos zouaves parcourant le champ de carnage, ramassant leurs blessés,

---

(1) Le R. P. Parabère avait déjà accompagné plusieurs corps expéditionnaires en Algérie.

puis, après, allant à tous les blessés russes, leur offrant de l'eau, des secours, les relevant. Ces malheureux, peu accoutumés à de pareils actes d'humanité, paraissaient ravis. L'étonnement, la joie, succédaient à la crainte, et tous pour montrer qu'ils étaient chrétiens, faisaient le signe de la croix... »

Puisque nous en sommes à la bataille de l'Alma, rappelons en passant que le seul nom d'officier inférieur cité dans le rapport du maréchal Saint-Arnaud, est celui du sous-lieutenant Poidevin, tué en arborant le drapeau du 30e de ligne au sommet des rochers qui protégeaient le corps ennemi. Cet héroïque jeune homme avait prié un de ses compagnons d'armes d'envoyer à sa famille, dans le cas où il serait mortellement frappé, les objets auxquels il tenait le plus. Quels étaient ces objets? le portrait de son père, des médailles pieuses et un chapelet !

Pour les aumôniers, tous les jours sont des jours de bataille. Parmi les hommes de cœur qui auraient assez volontiers passé l'Alma à cheval sur un canon et sans trop s'inquiéter du feu de l'ennemi, en est-il beaucoup qui eussent consenti à imiter la conduite du R. P. Parabère dans la circonstance suivante, rapportée par la *Revue des Bibliothèques paroissiales* d'Avignon:

« On a cité des épisodes pleins d'intérêt de

la guerre d'Orient ; on a parlé de la foi et du
courage des soldats, du dévouement des aumôniers, de l'irrésistible influence des Sœurs
de Charité ; voici un trait que nous n'avons
trouvé dans aucun journal, et que nous ap-
prenions ces jours derniers par une correspondance particulière :

Le choléra sévissait dans la division Her-
billon ; les soldats s'inquiétaient, les conversations devenaient sombres, car les morts
étaient nombreux, et ce n'est pas cette mort-
là que veut le soldat français ; ce qui trou-
blait surtout nos braves, c'était la persuasion
que le fléau se communiquait par l'attou-
chement seul d'un cholérique : aussi le camp
leur semblait-il déjà un lieu de terreur, prin-
cipalement sur un point plus maltraité que les
autres. « Comment pourrions-nous donc faire,
monsieur l'abbé ? dit le général au P. Parabère ;
ces enfants-là m'ont l'air d'avoir peur. — Oh !
il faudra bien que la peur sache qu'elle s'attaque à des Français et à des chrétiens ; laissez-moi faire, général. » — Et le courageux
aumônier s'achemine vers le quartier indiqué.
Un pauvre soldat était aux prises avec l'épidémie ; le R. P. a encore le temps de le consoler et de l'absoudre, puis il lui ferme les
yeux. Appelant alors auprès du cadavre les camarades du défunt, il essaie de leur persuader
que le fléau ne se communiquait pas ; et

comme quelques uns branlaient la tête : « Ah ! vous ne voulez pas me croire aujourd'hui, dit-il, nous verrons si vous ne me croirez pas demain. » Et voilà l'aumônier, se couchant côte à côte du cadavre, et se disposant à passer la nuit entière avec ce nouveau camarade de lit. — Plusieurs heures s'écoulent, le P. Parabère ne quitte le poste que lorsqu'on vient l'appeler pour un nouveau moribond. — Le lendemain, le fait était connu de tout le camp, et les soldats, rassurés, disaient : En voilà un qui n'a pas peur ! »

Un soldat accablé par le froid, et que ses camarades, forcés de faire face à l'ennemi, ne pouvaient secourir, disait au R. P. de Damas qui lui donnait les premiers soins : « Les aumôniers sont donc bons à tout? »

Il paraît que oui.

CHAPITRE VII.

MORT DU MARÉCHAL SAINT-ARNAUD.

Nous avons dit, d'après une lettre du maréchal Saint-Arnaud, lui-même, comment il était devenu chrétien. Tant qu'il fut à la tête de l'armée d'Orient il lui donna de grands exemples d'énergie, de volonté et de foi. Il était de ces hommes « qui ne fuient pas la vérité lorsqu'ils la voient, et qui ne craignent pas de la suivre (1). » A Varna il approuvait, il secondait le docteur Cabrol, s'occupant, avec les Sœurs de Charité, de fonder un hôpital et disant: « Nous devons faire bénir ici le catholicisme et la France au moyen de la charité; il faut établir une œuvre qui reste indéfiniment après nous. » Pour témoigner hautement sa sympathie à l'œuvre naissante, Saint-Arnaud

---

(1) Louis Veuillot. *La Guerre et l'Homme de Guerre.*

faisait porter chaque jour à la communauté une partie de son dîner.

Les officiers de son état-major, dont quelques-uns étaient fils d'anciens maréchaux de France, allaient quêter près de leurs amis pour la nouvelle fondation, et on les vit acheter au marché les légumes destinés à la soupe des pensionnaires de l'hôpital.

Gravement malade le jour de la bataille de l'Alma, Saint-Arnaud sut vaincre le mal afin de vaincre l'ennemi. Quelques jours après il succombait; mais son nom était attaché à l'une des plus glorieuses journées de la France. Pour rappeler avec quels sentiments il marchait au combat, je citerai deux lettres, déjà bien connues, adressées au R. P. de Ravignan :

« Marseille, 23 avril.

« J'arrive de Toulon, où j'ai vu avec bien
« du plaisir le respectable curé doyen d'Hyè-
« res. Nous avons longtemps et sérieusement
« causé. Il m'a aussi promis ses prières. Vous
« êtes assez bon pour me promettre les vôtres.
« Tous ces vœux ne peuvent manquer d'être
« agréables à Dieu, que je prie moi-même
« avec tant de foi et de ferveur. Je pars avec
« une confiance entière. Il est impossible que
« Dieu ne protége pas la France dans une cir-
« constance aussi grave, aussi solennelle.
« Je suis convaincu que tout le monde fera

« son devoir, plus même que son devoir, et
« nous combattons pour une cause juste.

« Espérons donc, mon Révérend Père, et
« donnez-moi votre bénédiction. »

La seconde lettre a été écrite par le maréchal au moment où il prenait ses dispositions pour la bataille de l'Alma. Chaque mot y révèle l'homme de guerre et l'homme de foi :

> « Au quartier-général, à Old-Fort (Crimée),
> le 18 septembre 1854.

« J'ai reçu ce matin votre bonne lettre, datée
« du 20 août, et je ne perds pas un instant
« pour vous remercier de vos vœux chrétiens
« et de vos prières. Elles ont été écoutées du
« Très-Haut !... Depuis le 14, je suis débarqué
« heureusement en Crimée, avec toute l'ar-
« mée, qui est superbe et dans les meilleures
« dispositions. Le débarquement s'est fait aux
« cris répétés de Vive l'Empereur ! et c'est à ce
» même cri que nous briserons demain les
» colonnes russes qui nous attendent à l'Alma,
» et qui ne m'empêcheront pas de m'établir
« sous Sébastopol le 22 ou le 23 au plus tard.

« Je presse les opérations autant que possi-
« ble, car ma santé est bien mauvaise, et je
« prie Dieu de me donner des forces jusqu'au
« bout.....

« Adieu, mon Révérend Père, priez pour

« nous et croyez à mes sentiments de respec-
« tueuse affection.

« Maréchal A. DE SAINT-ARNAUD. »

Le 20 septembre, Saint-Arnaud battait les
Russes, et neuf jours plus tard il succombait
à la maladie qui, depuis deux ans, minait ses
forces sans affaiblir son caractère. Voici, sur
les derniers moments du vainqueur de l'Alma,
quelques lignes extraites d'une lettre du R. P.
Parabère :

« Devant Sébastopol, 2 novembre.

« Voici ce qui s'est passé au moment du départ du maréchal. Je l'ai accompagné jusque
sur le bateau à Balaclava. Vingt minutes avant
le départ je suis resté seul avec lui, et j'ai pu
lui donner une dernière absolution, qu'il a reçue après m'avoir parfaitement reconnu et
m'en avoir donné des signes certains. J'ai pu
lui adresser quelques bonnes paroles avant de
descendre à terre, et le bateau a pris la mer
vers midi. A quatre heures, le maréchal rendait l'âme en pleine mer Noire. A la dernière
messe où il avait assisté, et que je célébrais
devant tout l'état-major, je fus surpris de le
voir avant l'élévation se mettre à genoux par
terre et se prosterner sur un tabouret, position
qu'il garda jusqu'à la fin de cette sublime partie du sacrifice. Sa résignation à la volonté de
Dieu, s'il le retirait de ce monde, même avant

la fin de la guerre, était parfaite; il me l'a témoignée d'une manière non équivoque. »

Les personnes qui ensevelirent le maréchal trouvèrent sur sa poitrine la médaille de l'Immaculée Conception et le scapulaire.

CHAPITRE VIII.

LA LICENCE DES CAMPS.

Depuis l'ouverture de la guerre certains écrivains s'occupent à transformer les héroïques soldats de notre armée d'Orient en loustics, ne songeant dans leurs rares moments de loisir, qu'à faire de grosses farces. Au lieu de braves gens remplissant leur devoir et souvent plus que le devoir, en hommes de cœur avec entrain et tranquillité, mais aussi avec la résolution sérieuse que la présence de la mort et de l'éternité donne à quiconque sait sentir, à quiconque aime sa famille et son Dieu, au lieu, dis-je, de ces braves gens, si grands dans leur simplicité, on nous montre des personnages plaisants, préoccupés du besoin de faire rire le public. Un officier de l'armée de Crimée a protesté, en fort bons termes, contre ce travestissement. Sa lettre, publiée par le

Constitutionnel (1) est datée du camp du Monastère, devant Sébastopol, le 10 octobre 1855. En voici un extrait :

« Il y a bien loin, mon cher ami, du soldat qu'on représente au théâtre ou dans les journaux avec nos braves soldats de Crimée. Ici, pas de zouaves avec des chats ; ils préfèrent porter en poudre et en plomb le poids de cet animal, aussi inutile que désagréable. Les travaux et les combats du siége leur laissaient à peine quelques heures de repos, et ils en profitaient pour dormir. Voilà l'emploi de leur temps : Premier jour, vingt-quatre heures de garde de tranchée sans dormir ; deuxième jour, astiquage du fusil, garde du camp, six heures de faction ; troisième jour, douze heures de travail, la pioche à la main, sous le feu de l'ennemi, douze heures de repos, et la série recommençait le quatrième jour comme le premier.

« Ici le soldat est calme, et semble comprendre l'importance de la tâche qui lui est confiée : sa gaîté elle-même a un caractère sérieux, et il est rare d'entendre des plaisanteries obscènes, ainsi que cela se voit journellement en France. Il paraît qu'en France le zouave est toujours le type du troupier français. Eh bien ! ici,

---

(1) Voir le n° du 30 octobre 1855.

cent cinquante mille hommes se sont montrés
dignes d'être zouaves ; au bout de quelques
jours , nos recrues les plus jeunes ne saluaient
plus les boulets , se montraient complètement
indifférents aux balles , et se dérangeaient à
peine quand une bombe ou un obus éclatait à
côté d'eux. Ces gens-là qui , pendant onze mois,
voyaient tous les jours la mort de près , avaient
fini par se faire une habitude du danger , et ils
ne songeaient pas même à plaisanter de celui
qui était passé ; ils ne se moquaient pas non
plus des premières impressions de peur que
pouvaient éprouver les nouveaux débarqués ;
ils savaient que ces jeunes camarades vieil-
liraient en quelques jours et deviendraient
braves comme les autres, et , chose remarquable, après tant de dangers et de souffrances,
ils n'ont pas de haine contre les Russes ; ils
soignent les blessés et les prisonniers avec une
attention digne d'une Sœur de Charité.

« J'ai vu de mes yeux, à Tratkir, des soldats
embusqués dans le lit de la rivière et faisant
le coup de fusil avec les Russes, interrompre
leur feu pour remplir leur bidon et donner à
boire, pendant le combat, aux blessés russes
tombés à côté d'eux. La même générosité s'est
manifestée après l'assaut de Malakoff. Partout
et toujours nos soldats se sont montrés bons et
courageux.

« Les Russes le savent parfaitement et se s

montrent très reconnaissants des soins qu'on a d'eux. Ces pauvres diables, mal vêtus et mal nourris, ont plus d'une fois reçu une chemise et le pain de nos troupiers, et ces derniers ont presque fini par aimer des ennemis qui leur résistaient aussi bien qu'il était en leur pouvoir de le faire. »

Ces soldats peints ainsi par un des leurs, nous paraissent incomparablement plus intéressants et plus dignes que les *troupiers* de fantaisie que l'on nous montre dans des publications à images et même sur les planches des petits théâtres.

Notons ici en passant que les lettres si nombreuses écrites « du camp devant Sébastopol » par les généraux, les officiers de tous grades, les soldats, n'ont jamais parlé de ce « théâtre des Zouaves » dont on a fait tant de bruit dans certains journaux. C'est que ce théâtre n'a pas été réellement établi. Quelques soldats ont eu un jour l'idée d'élever quatre ou cinq poteaux, ornés de toile et illustrés d'une affiche où l'on annonçait un spectacle quelconque. Deux ou trois fois on a chanté quelques couplets et fait quelques parades sur ce semblant de scène et tout a été dit. L'armée n'a su qu'elle avait un théâtre que par les journaux de Paris. Cette nouvelle l'a étonnée. Elle ne l'a pas même reçue avec plaisir. Il lui semblait assez étrange qu'on lui attribuât de tels loisirs. La lettre que nous

6

venons de citer explique et justifie cette impression. Citons-en une autre qui rappelle les mêmes faits, la même distribution du temps, en y ajoutant des détails propres à faire réfléchir les esprits pacifiques et d'humeur joviale portés à croire que la guerre permet aux soldats d'étudier l'art théâtral, d'apprendre et de réciter des rôles, de rivaliser avec les comédiens.

Cette lettre a été adressée au *Journal du Loiret :*

« Devant Malakoff, 24 août.

«Nous vivons dans la tranchée. Une seule idée nous préoccupe : donner l'assaut, en finir avec le siège. Et tout cela n'est pas fait pour jeter une grande variété dans mes lettres.

« Sur trois jours, nous passons le premier à la tranchée. Le deuxième, on en revient vers onze heures du matin, mais il faut rattraper le sommeil perdu : celui-là ne peut guère compter. Enfin, le troisième est jour de repos; seulement, une partie du régiment est chaque fois prise pour des corvées de projectiles.

« Quelquefois aussi ce troisième jour est marqué par un enterrement. Quand un officier est tué dans la division, tous vont l'accompagner à sa dernière demeure. Figurez-vous une petite baraque pour église ; à un bout un autel fait de quelques planches ; et sur cet autel une caisse à bordeaux servant de tabernacle. Au-dessus une croix de bois avec un Christ peint en rouge par quelque naïf artiste, à la façon des vieilles peintures byzantines.

« C'est là que se fait la cérémonie. Puis le cortége se met en marche vers le cimetière. D'abord les tambours avec leurs roulements sourds et voilés, et la musique qui joue ses airs les plus lugubres. Derrière marche un soldat de la compagnie du défunt, avec la croix qui doit être plantée sur la tombe; puis le prêtre, récitant les prières, escorté d'un soldat avec l'eau bénite; puis le cercueil fait de caisses a biscuit de mer; puis le cortége, puis la troupe, l'arme basse, qui rend les derniers honneurs !

« Tout cela est bien simple; mais, en traversant ainsi le camp, je me suis chaque fois senti l'âme émue à l'aspect des soldats qui s'arrêtent tous au milieu de leurs occupations, et qui, immobiles, le front découvert, saluent la mort du champ de bataille. J'ai vu des têtes rasées de zouaves, brunies comme de vieux bronzes, et des têtes blondes de paysans arrivés hier de leur village; j'ai vu un vieux gendarme, blanc de cheveux, noir de peau, s'incliner pieusement, et ce touchant spectacle ne m'a pas le moins impressionné. »

Donnons une nouvelle preuve de ce respect des morts, qui se trouve là seulement où sont les pensées sérieuses et élevées. La lettre qu'on va lire est l'œuvre d'un jeune sous-officier angevin, elle a été publiée par le *Journal de Maine-et-Loire.*

« Il y a deux jours, j'étais de garde avec quinze hommes chez le général d'Autemarre. Mon service expiré, et après avoir été relevé par un de mes collègues, je me suis mis en route pour rejoindre le camp. Chemin faisant, j'aperçus un cimetière. Quoiqu'il ne fût pas dans ma direction, Dieu, qui permet tout, m'inspira la pensée de faire obliquer mon poste et de passer près du lieu consacré. Jugez de ma surprise quand je lus sur la première croix de bois : « *Ci-gît Charles Garin, capitaine d'artillerie, tué par une balle devant Sébastopol.* Cette inscription funèbre me rappela de suite toutes les parties que nous fîmes à la pension avec mon ami Garin. Que j'étais loin alors de penser qu'un jour je découvrirais, par hasard, son nom sur une croix de bois à 800 lieues de notre commun pays !

« Je restais livré à ces tristes réflexions, lorsque mes hommes, surpris de ma station devant cette tombe, me demandèrent si je connaissais celui qu'elle renfermait.

« Je ne pus leur répondre au premier moment; mais en me voyant pleurer, ils comprirent que c'était un compatriote, un ami, et tous ensemble, malgré leur fatigue, nous nous mîmes à genoux, et bêchant la terre tout autour avec nos bayonnettes, nous fîmes une plate-bande, que nous remplîmes de petites plantes qui croissaient aux environs,

« Enfin, mon cher, si vous avez quelques relations avec sa famille, dites-lui que, malgré l'espace qui la sépare de sa tombe, Garin possède en Crimée un ami d'enfance qui le visite presque tous les jours. Notre camp est situé à une demi-lieue environ du ravin au fond duquel il repose. Le soir, j'y vais en pèlerinage pour arroser ou renouveler les fleurs que nous y avons plantées. J'ai aussi entouré la petite tombe d'un abri de pierres, et après avoir tout mis en bon état, je fais une prière bien fervente, et je retourne au camp le cœur plein et satisfait d'avoir rempli mon devoir. »

I.

On devrait le reconnaître, jamais la situation n'a précisément prêté à rire. Voici où les choses en étaient, d'après une correspondance du *Moniteur* vers la fin de l'hiver, c'est-à-dire après l'époque des grandes souffrances et quand les secours de toute sorte arrivaient de France en quantité :

« Devant Sébastopol, 18 février 1855.

« Dès le principe, nos soldats n'avaient pour se reposer que leurs petites tentes-abris, invention ingénieuse, usitée en Afrique et employée pour les expéditions d'une durée limitée. Cha-

6.

que soldat porte dans son bagage un morceau de toile formant un carré allongé et disposé de manière à pouvoir se boutonner et s'agrafer dans la longueur. Quatre de ces morceaux de toile, en s'ajustant ensemble, forment une tente triangulaire, ou tente-abri, sous laquelle quatre soldats peuvent habiter. Il arrive souvent que six hommes, au lieu de quatre, s'entendent pour habiter ensemble. La plupart des soldats ne se bornent pas à poser leur tente sans préparation sur le sol, ils creusent la terre en dessous pour augmenter ainsi son élévation; ils l'entourent de pierres, afin d'amortir l'effet du vent, et d'une petite rigole qui reçoit et détourne les eaux pluviales.

« Depuis lontemps les tentes-abris ont presque entièrement disparu, excepté à l'armée d'observation. Les soldats habitent sous des tentes turques bien confectionnées. Ces tentes forment de vastes cônes très-arrondis à leur base, et qui se composent d'une série de morceaux de toile coupés à angle aigu et cousus ensemble à double couture. Au centre est une perche très-forte qui a environ 3 mètres 30 centimètres de hauteur, sur laquelle la toile est tendue, et les extrémités inférieures de la tente sont fixées à terre par de doubles piquets. Chaque tente est faite pour seize soldats, qui occupent sa circonférence et se couchent la nuit, ayant les pieds dans le sens de la toile. Ces tentes, qui ont 3 mètres 40 centimètres de rayon, sont enterrées d'environ 1 mètre et protégées par des travaux très-ingénieux, ayant pour but de diminuer l'action du vent et surtout celle de l'humidité.

« L'esprit inventif et laborieux de nos troupes ne s'est pas arrêté à ces améliorations, et elles ont montré une grande intelligence pour profiter des rares ressources que présente le pays. Il fournit des pierres en abondance, et beaucoup de nos soldats, employant la terre comme mortier, se sont construit de petites maisons qui, malgré leur apparence informe, leur rendent de grands services ; d'autres ayant remarqué, dans les parties rocheuses des ravins de l'intérieur, de vastes excavations, s'y sont établis après avoir fait quelques travaux très-heureux d'appropriation, et y trouvent un bon abri. Aujourd'hui, lorsqu'on parcourt les camps, chaque régiment paraît presque un village, et chaque brigade un gros bourg.

« Indépendamment de son habillement ordinaire, chaque soldat a reçu : une capote-caban en drap bleu très-fort et très-chaud ; un paletot en peau de mouton bien confectionné couvrant les bras et la poitrine, et descendant presque au genou, des guêtres-jambières également en peau de mouton ; une chachia ou calotte rouge à la turque, encadrant la tête et le front jusqu'aux yeux, et couvrant les oreilles ; une bonne paire de gants et une paire de sabots.

« Le zèle et le dévouement des généraux et des officiers ont été à la hauteur des circonstances. Nous n'oublierons jamais que le 17 janvier, en parcourant le camp après la violente tourmente de neige de la veille, nous avons vu partout des officiers supérieurs donnant l'exemple, la pelle et la pioche à la main, creuser pour déblayer des tentes-abris de soldats, englouties sous la neige, et qu'ils ont sauvées. C'est par un pareil ensemble de dévouements que les malheurs inséparables de l'hiver ont pu être conjurés, et que l'armée, soutenue par son courage, a passé sans désastres les mauvais jours.

« Les tentes sont couvertes de neige et tout autour d'elles s'élèvent, comme un rempart de glace, écrivait le 19 février, au ministre de l'intérieur, un écrivain envoyé officiellement en Crimée... nos bataillons de réserve, nos soldats de garde. Combien pour eux est rude cette épreuve ; à peine s'ils peuvent marcher pour réchauffer leurs membres engourdis. Le feu est interdit comme pouvant servir de point de repère aux ennemis... Il faut les voir les visages blanchis par la neige, la barbe transformée en lourds glaçons, transportant sur leurs épaules de lourds boulets, creusant la terre à coups de pioche, restant toute la nuit les pieds dans une boue fangeuse (1). »

« Voilà à quel régime on était soumis quand tout allait pour le mieux et qu'on avait pu mettre à profit les rudes leçons de l'expérience. Les gens habitués à bien vivre, et qui ne voient que le côté pittoresque de ces épreuves ont, à notre avis, une lacune dans l'intelligence et dans le cœur.

II.

Les chapitres suivants fourniront au lecteur de nombreux témoignages de la dignité calme, simple et religieuse de nos soldats. Je veux cependant en donner tout de suite quelques preuves nouvelles. A propos de lettres de Crimée où cette impression se faisait sentir, un journal de Montpellier, le *Messager du Midi*, disait dans un de ses numéros du mois d'octobre 1855 :

« Les lettres venues de l'armée d'Orient apportent tous les jours de nouveaux témoignages des sentiments religieux, de l'affection filiale, du patriotique dévouement où nos soldats puisent le courage et la constance héroïques par lesquels il font honorer le nom fran-

---

(1) *Cinq mois au camp devant Sébastopol*, par le baron de Bazancourt, p. 46 et 47.

çais même de l'ennemi. Plusieurs de ces lettres particulières, écrites par des enfants de Montpellier à leurs parents, nous ont été communiquées. Nous extrayons de l'une d'elles le passage suivant :

« ... Je suis officier depuis trois jours ; mon but est atteint et je n'ai plus rien à désirer que votre bonheur. Dieu a comblé mes vœux et exaucé vos prières. Qu'il soit loué ! Que ne puis-je me rendre avec vous auprès de la tombe de mon père et épancher ma joie avec mes souvenirs et mes regrets. Remplacez-moi, et que la prière que vous allez adresser à Dieu accompagne celle que je lui adresse ici, la face à l'ennemi ! »

Le même jour nous trouvions ce qui suit dans l'*Observateur de la Corse* :

« Un militaire d'Olmeto, M. Balisoni, écrit à son frère, sous la date de Sébastopol, 16 septembre, une lettre qui se termine par le passage suivant :

« L'amour de la patrie et de la famille sont inséparables de l'esprit de religion, de même que le danger vous fait songer à la Providence ; j'ai vu des soldats expirer aux tranchées, frappés par des projectiles et regretter de mourir loin des yeux de leurs parents, et privés des secours du bon curé de leur paroisse, qui était chargé de la correspondance épistolaire de la famille ; en effet j'ai remarqué que la plupart des lettres que les parents envoient à leurs enfants, sont rédigées par de patriotiques membres du clergé. Pour en revenir à la religion, nulle part on ne conçoit le respect du culte comme dans un camp; cette jeunesse des écoles, si impie, si railleuse, si voltairienne en France, est foncièrement religieuse; la France a dû bien changer, puisque je ne la reconnais plus de la *religion de Voltaire;* parfois, dans les tranchées, j'ai vu des jeunes officiers du génie et de l'artillerie, faire le signe de la croix aux lueurs des projectiles qui éclataient à leurs pieds; soldats ou officiers, j'en ai vu plusieurs qui, enchantés de ne pas avoir été atteints, s'écriaient : il faut qu'il y ait une Providence !... Quelques rares fatalistes se montraient avec courage, mais un courage empreint d'un sombre désespoir, parce qu'aucun sentiment ne faisait diversion à la terreur du danger qu'ils avaient couru. »

Un jeune soldat des Basses-Alpes écrivait de Sébastopol le 25 septembre 1855 :

« Ma bonne mère, depuis notre séparation, il ne se passe pas de jour sans que je repasse dans mon esprit cette scène douloureuse qui eut lieu dans la maison au moment de mon départ pour l'armée.

« Ne croyez pas cependant, ma bonne mère, que je me trouve malheureux. Si mon cœur est toujours tendre pour vous; si quelquefois des sentiments d'amour filial m'arrachent des larmes, je suis cependant soldat.

« J'ai la douce confiance de retourner en France, et vous embrasserez votre cher fils ; vous verrez cette belle croix qui fait tout l'honneur du militaire. J'espère même rentrer sur le sol français avec les épaulettes de lieutenant.

« Remerciez pour moi Monsieur le curé. C'est en grande partie à ses soins que je dois mon avancement. En effet, si j'ai été valeureux soldat, je le dois à l'instruction qu'il m'a donnée et aux principes religieux que j'ai reçus de lui. Croyez-vous que la mort fasse peur quand on sent sa conscience tranquille ? Croyez-vous aussi que cette médaille de l'*Immaculée Conception*, que vous m'avez donnée la veille de mon départ, après m'avoir parlé avec tant d'onction et de confiance de la sainte Vierge, croyez-vous qu'elle n'ait pas été pour moi un sujet continuel d'encouragement, et au milieu des rigueurs de l'hiver, et dans l'acheminement des tranchées, et surtout dans les jours de combat ? *Bien loin de la patrie, ma Mère du ciel me regarde et me protège !* me disais-je pendant que je me figurais vous-même, ma bonne mère, à genoux au pied de l'autel de Marie pour recommander votre enfant à cette divine Mère. Allez, continuez ! votre prière est puissante : la sainte Vierge m'a toujours protégé et elle me protégera toujours. Elle vous rendra un jour votre fils. »

Le journal la *Patrie* rapportait les faits suivants dans une lettre écrite du camp français de Kamiesch :

« Notre correspondant nous fait part d'une observation trop à la louange des nobles et religieux sentiments de nos soldats et marins pour que nous ne soyons pas heureux de lui donner toute publicité. Le cimetière de Kamiesch, nous dit-il, est tout simplement une vigne sur le bord de la mer. Le mauvais temps et les occupations incessantes de l'escadre n'ont pas encore permis de le bénir solennellement ; mais chaque tombe est marquée par une croix de bois : une croix plus haute et plus large est au milieu du cimetière.

« Or, pendant les froids les plus rigoureux, quand la terre était couverte de neige et que le pauvre soldat manquait de bois, même pour faire cuire ses aliments, non-seulement pas une croix du cimetière n'a été arrachée, mais encore on a toujours trouvé deux planches pour en planter une autre sur chaque nouvelle tombe. »

Citons encore un témoignage. La lettre suivante, communiquée au journal l'*Univers* par un vénérable ecclésiastique, a été écrite par un jeune sergent de la garde à sa sœur, religieuse de Saint-Vincent-de-Paul, à Largentière :

7

« Ma chère sœur, les fréquentes prises d'armes, le travail assez pénible que nous avons à faire en Crimée m'ont empêché de satisfaire le désir bien vif de t'écrire souvent, afin d'avoir constamment de tes nouvelles et de puiser dans tes bons conseils cette force d'âme dont chacun a tant besoin dans toutes les circonstances pénibles de cette vie, et surtout dans celles qui se présentent dans le courant de la vie militaire.

« Je m'abandonne avec bonheur à la volonté divine, je suis fort de la confiance que j'ai à la grandeur et à la bonté de Dieu ; aussi je supporte ce qu'on appelle fatigues, dangers, sans murmurer et toujours avec calme. Si quelquefois je me sens un peu faible, soit de force physique, soit de force morale, je jette un regard vers le ciel, j'adresse une prière à notre bon Père suprème et toutes mes forces reviennent ; plus d'émotion alors, les éclats de bombes et d'obus, la mitraille et les biscaïens, les boulets et les balles ne me sont plus rien. Je ne vois dans toutes ces choses-là que la grandeur de Dieu, j'admire et j'adore sa Majesté.

« Ma sœur, je te dis en quelques paroles quels sont mes sentiments, je me sens fort : c'est grâce aux bons principes que nous a donnés notre bon père et notre excellente mère que nous sommes forts maintenant ; le plus beau jour de ma vie sera celui où mes frères et moi nous pourrons nous présenter devant eux la tête haute et fière pour les payer de la fatigue et du travail que nous leur avons coûtés.....

« On ne doit pas se désirer du bonheur ; que Dieu me pardonne le désir que j'ai de pouvoir embrasser un jour tous mes parents et de présenter mes respects à ceux qui m'ont appris à connaître la bonté et la grandeur divines. Ne m'oublie pas auprès de ta bonne supérieure et de tes compagnes : mes vœux sont bien petits, je ne suis qu'un jeune soldat ; mais enfin dis-leur que dans mes courtes prières je penserai aux compagnes d'une sœur que j'ai toujours aimée. Et toi, n'oublie pas dans tes prières les pauvres soldats, demande à Dieu la force et le courage qui leur sont nécessaires pour supporter les fatigues et les dangers de la guerre.

« PASCHAL,

« Sergent dans la garde, »

Il y a peut-être des lecteurs qui, tranquilles au coin de leur feu l'hiver et fraîchement à l'ombre l'été, tiennent beaucoup à ne voir dans l'état militaire qu'un agréable passe temps. Ces lettres doivent déranger leurs idées. Le soldat préoccupé de goûts vulgaires, allant au feu comme une brute ou posant en personnage comique, leur paraît plus amusant que le héros invoquant Jésus et Marie ; or, ils veulent qu'on les amuse. Vous avez tort, bonnes gens ; contentez-vous du soldat qui honore votre pays et garantit votre sécurité.

La dignité, d'ailleurs, et les pensées sérieuses n'excluent pas la bonne humeur. On riait, on chantait même, devant Sébastopol quand, après avoir réparé ses forces, on trouvait quelques heures de repos et que la mort d'aucun camarade n'attristait les cœurs. Combien ces moments étaient rares ! Mais les chants qui pouvaient donner alors quelques minutes de distraction ne portaient nullement l'empreinte de préoccupations mauvaises. Nos chansonniers en vogue ne les avaient pas fournis. Ils étaient l'œuvre de quelque poète du régiment et répondaient aux sentiments qui remplissaient les cœurs. Les uns rendaient des impressions militaires, et si aucune pensée pieuse ne s'y rencontrait, il ne s'y trouvait non plus rien d'obscène ; les autres exprimaient la confiance en Dieu. Donnons un exemple. Nous l'empruntons au *Courrier des Alpes* : « Je t'envoie deux chansons, écrivait le 18 septembre 1855 un officier savoisien à un de ses amis. La première m'a été donnée par un compatriote, actuellement sergent dans la légion étrangère; elle se chante en chœur dans divers corps français sur l'air : *La garde meurt, elle ne se rend pas.* »

Voici cette chanson :

Jeune soldat parti de ta chaumière,
Pour te ranger sous un noble drapeau,
Ah ! garde-toi d'oublier la prière
Que l'on t'apprit au sortir du berceau ;
Enfant ! c'est là qu'on trouve du courage,
Pour aborder les chances du combat :
Qui sait prier sait affronter l'orage ;
Un bon chrétien fut toujours bon soldat.

Rappelle-toi les conseils de ta mère,
Lorsqu'en pleurant elle te dit adieu ;
En ce moment sa douleur fut amère,
Mais tu promis d'être fidèle à Dieu.
Ce doux espoir fut pour elle un présage
Qui lui voila les dangers du combat :
Qui sait prier, etc.

Porte toujours la médaille bénie,
Qu'en te quittant, elle mit sur ton cœur ;
Ce souvenir de la Vierge Marie,
En tous lieux te portera bonheur !
Plus d'un guerrier fidèle à cet usage,
Ne fut jamais frappé dans le combat :
Qui sait prier, etc.

Que de héros dont la France s'honore,
Et qui du Ciel imploraient le secours ;
Bayard, Turenne et bien d'autres encore,
Au Roi des rois s'adressaient tous les jours ;

Nul vieux guerrier faisant le grand voyage,
Ne veut partir sans son certificat :
Qui sait prier, etc.

Le Dieu du ciel est le Dieu des armées ;
De ce beau nom lui-même fut l'auteur,
Quand d'Israël les tribus opprimées
Durent marcher contre un persécuteur.
Son propre aveu de leur foi fut le gage,
Et la victoire en fut le résultat :
Qui sait prier, etc.

Brave guerrier, défenseur de la France,
Rappelle-toi que la croix du Sauveur
Est pour tout homme un gage d'espérance,
Et c'est de là que vient la croix d'honneur ;
Que cette croix t'accompagne au village,
Après ton temps de service à l'État :
Qui sait prier, etc.

Et quand de Dieu la trompette puissante,
Auprès de lui sonnera ton rappel,
Que cette croix, sur ta bouche expirante,
Te serve encore à répondre à l'appel !
Que sur ta tombe elle soit le présage,
Que l'Éternel a signé ton mandat :
Qui sait prier, ne craint pas le passage ;
Un bon chrétien fut toujours bon soldat.

Tous nos soldats de Crimée sont-ils donc des
saints, me dira-t-on ? Non sans doute. Il y a

encore des désordres, mais ils sont rares; on entend encore des jurements, des blasphêmes, mais ils dénotent bien rarement des intentions méchantes et une impiété réfléchie; ils sont, sauf quelques exceptions, le résultat d'habitudes blâmables et d'une éducation où l'Église n'a pas eu la part qui lui appartient; ils proviennent de l'affaiblissement général et de longue date du sens chrétien; mais au moment même où la parole paraît le plus coupable la volonté est généralement innocente. Si le respect humain, ce redoutable ennemi de la vérité, était définitivement vaincu, un bien immense serait promptement réalisé! Cet ennemi a lui-même perdu beaucoup de terrain; il en perdra encore, car grâce à Dieu les bons exemples viennent de haut. Quand des hommes comme Saint-Arnaud, Canrobert, Pélissier et tant d'autres portent la médaille de la Vierge Immaculée, et ne craignent pas de le dire, les railleries des esprits forts et des sots n'ont plus grande portée.

Comme conclusion de ce chapitre, citons un ordre du jour du général Canrobert; il est daté du 21 février 1855, et reflète les pensées graves et vigoureuses qui soutenaient le moral de l'armée :

« Compagnons d'armes, vous avez dominé depuis une année les plus dures épreuves auxquelles puissent être soumis l'organisation et

le moral des armées avec une indomptable
énergie et un patriotisme qui portent très-haut
votre renommée devant l'Europe et vous assurent une place dans l'histoire.

« Ces épreuves touchent à leur fin et celles
qui nous restent à subir ne sauraient étonner
votre courage. Bientôt vous joindrez l'ennemi
que vous savez vaincre. Les sympathies les
plus ardentes dont la France ait jamais accompagné ses armées vous suivront devant lui
comme elles vous ont suivis dans vos victoires
précédentes et dans les glorieuses souffrances
de cette guerre. Le cœur et les vœux de l'Empereur sont avec vous. Sa sollicitude a triplé vos
effectifs et vos moyens.

« Soldats, soyez-en sûrs, les armes anglaises,
ottomanes et françaises, étroitement unies,
triompheront, avec l'aide de Dieu, qui protége
les bonnes causes.

« Devant Sébastopol, le 21 février 1855.

« Le général en chef,
« CANROBERT. »

CHAPITRE IX.

L'ARMÉE NAVALE.

Nos armées de mer ont eu, comme nos armées de terre, à lutter contre des maladies épidémiques. Les marins montrèrent dans les souffrances le même esprit que les soldats. Le *Breslau*, envahi le premier par la petite vérole, eut bientôt, à bord, cent cinquante malades, tous atteints gravement. La batterie basse, qui sert d'hôpital, et où l'aumônier a son logement réglementaire, était encombrée. L'air, en dépit des précautions prises par les chirurgiens et les officiers, se corrompit à tel point, que l'autorité du bord crut devoir engager l'aumônier à se transporter ailleurs. Il refusa, disant que cette retraite pourrait effrayer les malades, et rendrait sa présence parmi eux moins sensible à tous les instants; il demanda comme une grâce et obtint de demeurer au plus fort du danger. Là, il ne cessa de prodiguer à tous ces paroles d'encourage-

ment et de consolation dont la source unique
est la foi. Son ministère a sanctifié et calmé
bien des souffrances. Cet apostolique dévouement eut sa récompense : plus de cent vingt
hommes voulurent se confesser, aucun ne
mourut sans avoir reçu les sacrements. En-
terrés près de Kiel, ils reçurent, bien qu'en
pays protestant, les honneurs publics de la sépulture catholique. Les mains de leurs compagnons ont élevé une croix sur leur tombe.

Des faits semblables se produisirent à bord
de la plupart des bâtiments ; car à la petite
vérole succéda le choléra. Cette dernière épidémie sévit avec une intensité particulière aux
îles d'Aland, où la France venait de planter
son drapeau. Tout manquait aux malades, dé-
posés à la hate dans des baraques et sous des
tentes sans numéros d'ordre ; le zèle des chirurgiens devenait presque impuisssant ; mais
les aumôniers de la flotte, descendus à terre,
portaient partout les secours spirituels. « Il
me semble voir encore, écrivait un témoin de
ce douloureux spectacle après la cessation du
fléau, nos infortunés malades étendus à terre
sur un peu de paille, dans une tente humide,
accueillant l'arrivée du prêtre comme celle
d'un consolateur que Dieu leur envoyait. Je
les vois tantôt baisant la main qui venait de
les bénir, tantôt collant sur le crucifix leurs
lèvres froides et violacées, ou, d'une voix

mourante, exhortant leurs compagnons de douleur a recouvrer comme eux la paix dans la pénitence. Je puis vous donner cette consolante assurance : *autant de décès, autant de morts chrétiennes...* Ce sera pour les familles une grande consolation d'apprendre que la religion a sanctifié et adouci les derniers moments de ceux qu'elles pleurent, qu'elle a reçu leur dernier soupir et prié sur leur dépouille mortelle. Pour ceux qui ont survécu, ils se rappelleront que le prêtre est avant tout pour eux un ami, et un ami qui ne leur fera jamais défaut, ni au jour de la maladie, ni au jour du combat. »

La flotte fut éprouvée en Orient comme dans la Baltique. A Lampsaki, la petite vérole sévissait sur le *Suffren*, et on avait dù porter momentanément à terre une partie des malades. L'aumônier se multiplia pour suffire à sa tâche ainsi divisée. Toujours à l'hôpital du bord ou à l'ambulance de terre, il mérita que son zèle fut officiellement signalé par le commandant à l'amiral, au ministre et à toute l'escadre. A Lampsaki, comme à Kiel, une croix de six mètres de hauteur, œuvre de nos marins, indique sur le territoire musulman le lieu où sont ensevelis les Français.

Les officiers de marine furent souvent les premiers à donner le bon exemple aux hommes placés sous leurs ordres. Recueillons sur ce point le témoignage d'un missionnaire. « La rénovation religieuse me paraît plus sensible encore, dit-il, sur la flotte que dans l'armée de terre. Les officiers de marine éprouvent plus vivement peut-être le besoin d'une croyance forte et de convictions profondes qui les soutiennent contre les périls et les épreuves de tout genre de leur vie errante et aventureuse. Ils ne se contentent point d'une demi-foi, et ceux qui ont le bonheur de la conserver ou de revenir sincèrement à Dieu, se montrent pleins de ferveur pour son service. Nous en connaissons qui, chaque semaine, le dimanche matin, venaient se confesser et communier à notre messe. Quelques uns avaient obtenu la faveur d'approcher plus souvent de la sainte table, et d'autres étaient animés d'un zèle si pur pour la gloire de Dieu, qu'ils remplissaient véritablement au milieu de leur équipage les fonctions d'un missionnaire. »

Que de consolations et de forces ont été données à nos marins et à nos soldats par le rétablissement des aumôniers!

A d'autres époques, on a vu un certain esprit de rivalité se glisser entre les armées de terre et de mer. Rien de semblable n'a eu lieu cette fois. L'émulation pour le bien a été aussi ardente que possible, et cependant elle n'a pas eu ce caractère de passion exclusive, indiquant plus encore peut-être le désir de se primer que

lle s'entr'aider. La flotte a très-chaleureuse-
ment admiré les exploits de l'armée de terre,
et celle-ci a toujours rendu un éclatant hommage à l'indispensable concours que la marine lui prêtait. On sait, du reste, avec quel
courage et quel succès les équipages de nos
vaisseaux ont monté et servi à terre diverses
batteries. Cette fraternité si cordiale, si absolue, s'est montrée surtout dans le zèle atten-
tif, intelligent et tendre que l'on a mis à transporter de Kamiesch à Constantinople les malades et les blessés. Il suffisait, sans doute, de
quelques ordres pour organiser ce service,
mais il fallait que tout le monde, à bord, s'y
mît avec cœur pour que l'organisation fût
bonne.

Entrons dans quelques détails.

Les transports sont fréquents. Le jour où
un départ doit avoir lieu, l'administration des
ambulances du camp prépare dès le matin un
troupeau de mulets. Chacune de ces excellentes bêtes de somme, au pied calme et sûr,
porte un bât d'une forme particulière, auquel
adhèrent des siéges pour les moins malades, et
des lits pour ceux qui ne peuvent se soutenir ; ce sont les *cacolets*. Quand le convoi
est arrivé au lieu désigné pour l'embar-
quement, les malades sont mis à bord de
grandes barques appelées *chalands*, et celles-
ci les conduisent jusqu'aux vaisseaux sur les-

quels les matelots les montent avec toutes les
précautions indispensables. Plusieurs bâtiments ont été spécialement affectés à ce service, et on les a nommés *Transports-Hôpitaux*.
Voici des renseignements très-précis sur l'organisation spéciale qu'ils ont reçue.

« Toutes les batteries intérieures du vaisseau sont dégagées de leur matériel de combat.
Elles forment ainsi de grandes et belles salles
divisées en deux parties dans le sens de la longueur, par le pied des mâts, les tuyaux de la
machine et le cabestan. Ces lourdes colonnes
sont régulièrement alignées au milieu des
énormes pièces qui composent la charpente du
navire ; les salles sont aérées et éclairées, tri-
bord, bord et babord, par les lignes de sabords
qui forment ceinture, à chaque étage, dans la
muraille du vaisseau. Le sabord ne joue plus
le rôle terrible d'embrasure ; ce n'est plus
qu'une pacifique et bienfaisante fenêtre. En
affalant sa partie haute, en ardoise, contre les
rayons du soleil, on ménage un léger courant
d'air qui entretient constamment à l'intérieur
des batteries la fraîcheur des brises de mer.

« Le *Transport-Hôpital* possède une centaine
de lits en fer avec toute leur garniture, deux
ou trois cents matelas appelés matelas d'hôpital, et un nombre plus considérable de matelas de hamacs : chaque passager peut donc
être séparément couché.

« Les lits en fer sont réservés aux malades les plus souffrants, tels que les amputés. Ils sont sur l'avant du navire, à droite et à gauche, dans la batterie haute, — la mieux garantie contre les coups de mer, — et placés en abord, c'est-à-dire faisant tête à la muraille du vaisseau.

« Tout auprès de ces lits, à l'extrémité avant du navire, sous le mât de beaupré, est situé le poste de la compagnie d'infirmiers, dont le secours peut être réclamé d'un moment à l'autre, et qui sont à portée d'accourir aussitôt qu'on les demande. C'est dans ce poste, qui forme en temps normal l'hôpital du vaisseau, que l'on dépose les malades dont l'état d'affaiblissement réclame des soins plus particuliers et une surveillance incessante.

« A la suite des lits de fer, on a déposé de l'arrière à l'avant, toujours le long des murailles, deux rangées de lits de camps, parfaitement acorés contre les roulis, pourvus chacun de matelas et de couvertures. Toutes les fois que le nombre de passagers y oblige, on double parallèlement ces deux rangées de lits du côté des mâts; mais un espace assez large demeure toujours libre au milieu pour la circulation et le facile pansement des malades. Si la chaleur de la machine ou une brise trop forte incommode ceux-ci, on tend des toiles dans toute la longueur de la batterie, et ces toiles leur assurent toutes les commodités de la tente. L'aération s'active alors à volonté au moyen de manches à vent...

« Le pansement régulier se fait à bord comme dans les hôpitaux à terre, deux fois par jour : la première fois, de sept à dix heures du matin ; la seconde fois, de trois à cinq heures de l'après-midi.

« Un aumônier est embarqué à bord de chaque bâtiment hôpital : c'est là, par excellence, le champ de bataille du prêtre. La messe se dit régulièrement tous les dimanches, dans la batterie haute, au milieu même des lits des malades ; la prière se fait deux fois le jour sur le pont, au milieu de l'équipage aligné sur deux rangs ; le plus profond silence règne, tant que dure la prière, dans toutes les parties du vaisseau.

« Aux heures où les exigences du service de santé le lui permettent, l'aumônier fait ses visites générales. De plus, logé dans la batterie basse, il est toujours à portée de se présenter où sa présence est réclamée. Le jour et la nuit, aussi souvent que son zèle et les besoins des malades le lui imposent, il est au milieu d'eux. Est-il à genoux au chevet d'un mourant qui se recommande à Dieu ? le silence profond qui s'établit spontanément autour de ce lit, le respect avec lequel tous les fronts se découvrent, montrent assez combien est compris à bord le ministère du prêtre. Plus d'un soldat

invalide de notre vaillante armée d'Orient bé-
nira un jour et fera bénir au fond de nos campagnes le Gouvernement qui a su lui procurer,
dans les plus grandes souffrances, les seules
consolations efficaces....

« Sans parler des nombreux hôpitaux qui
sont échelonnés sur les deux rives du Bosphore,
la marine possède en outre ceux de Smyrne,
du Pirée, de Messine et de Malte : ce dernier
surtout est parfaitement installé et desservi par
des Sœurs françaises de l'ordre de Saint-Joseph,
qui se sont détachées d'une maison qu'elles
possèdent dans l'intérieur de la ville, pour con-
sacrer leurs soins aux malades pendant toute
la durée de l'expédition.

« C'est dans ces hôpitaux que sont généralement inhumés les cadavres des passagers qui
meurent en mer, à moins que leur état de
conservation et l'éloignement du point de relâche ne réclament impérieusement une im-
mersion. Dans tous les cas, les dernières prières
pour le défunt sont toujours récitées par l'aumônier sur le pont, en face du cadavre re-
couvert d'un drap mortuaire, et en présence
des deux commandants du bord, de l'officier
de service et de toute la bordée de quart rangée à l'entour, respectueusement découverts.

« Tels sont les services rendus par la marine
aux blessés de notre armée. Ce que nous ne
pouvons pas dire, ce que les blessés eux-mêmes

sont seuls capables d'apprécier, c'est le dévouement, l'affectueuse sollicitude avec lesquels
remplissent leur mandat nos braves commandants, nos états-majors et les équipages. C'est
mieux que de la gloire que tous moissonnent
dans ce pénible métier : c'est la reconnaissance
du soldat, des familles, de la patrie. » (1)

Nous ne terminerons pas ce chapitre sans
rapporter un exemple de dévouement et de foi
qui remonte à la campagne de 1854, et que
les journaux ont alors enregistré. Un jeune
homme, qui était parti comme volontaire et
qui, depuis, a pris rang parmi les officiers de
la Marine impériale, se trouvait sur un bâtiment où le choléra fit invasion. Dès que la présence de l'épidémie fut certaine le jeune volontaire se présente au commandant et lui dit :
« Commandant, je suis à vos ordres pour soigner les malades ; je ne suis pas du bord, je
n'ai pas de service à faire, disposez de moi. » —
« C'est très-bien, répondit le commandant, en
serrant cordialement la main du nouvel infirmier. Celui-ci se mit à l'œuvre, bien décidé
à faire le sacrifice de sa vie. Il lui « passa 3000
malades par les mains » et sur ce nombre on
en perdit 130. L'héroïque jeune homme était
toujours prêt, aucun soin ne répugnait à son

(1) Georges de Kéry. (*Patrie*).

zèle. Aucun homme ne mourut sans qu'il fût
là. Officiers et matelots l'admiraient. « Voici,
amiral , le jeune volontaire qui se conduit si
bien , » dit le commandant en le présentant au
chef de l'escadre. Où puisait-il cette force ?
Laissons le parler. Ces quelques lignes sont
extraites d'une lettre qu'il écrivait à son père :

« Je suis le seul homme à bord qui n'ait rien
ressenti. D'où me vient cette force morale et
physique ; un *Souvenez-vous* en est la cause....
Dieu et la Sainte-Vierge sont avec moi. On envoie le rapport à M. le Ministre et je suis dessus.

« Pardonne-moi si je me suis loué , ce n'est
pas par orgueil ; mais je ne te cache rien au
monde. Ne dis plus maintenant que tu m'aimes
plus que je ne t'aime. En pleine mer, entre des
mourants et des cadavres , je sais combien tu
étais (et vous tous) dans mon cœur. Mets un
gros cierge pour moi à Chartres ; fais dire par
l'abbé de Ségur une messe d'actions de grâces,
et donne pour moi 200 fr. aux pauvres de Mon-
boissier. Surtout ne demande rien pour moi,
si l'on m'avait oublié dans le rapport ; je ne
voudrais pour rien au monde être ou paraître
intéressé. On ne risque pas sa vie pour un ru-
ban ; on la sacrifie à un devoir, à un sentiment, à son pays et à sa foi. »

Quelques mois plus tard ce volontaire, M. de
L***, devenu aspirant de marine, était de service

dans une batterie sous les murs de Sébastopol. Un projectile russe vient tomber près de nos munitions ; en éclatant il devra faire bien des ravages. Cette pensée frappe instantanément tous les esprits ; mais de L***, et un soldat, dont je regrette d'avoir oublié le nom, se précipitent sur la bombe, dont la mèche brûle encore, la prennent et la jettent par dessus les tranchées ; elle éclate sans blesser personne.

Voilà ce que l'on peut faire quand on sait bien dire un *Souvenez-vous*.

CHAPITRE X.

AU MAMELON VERT.

La prise du Mamelon-Vert (7 juin 1855) a été l'un des plus brillants épisodes du siége de Sébastopol. Il s'agissait de s'emparer à la droite de notre attaque des ouvrages appelés par nos généraux *ouvrages blancs*, ou *des 22 et 27 février*; au centre, d'enlever le Mamelon-Vert, en avant de la tour Malakoff, pendant que, de leur côté, à notre gauche, les Anglais se rendraient maîtres de l'ouvrage dit des *Carrières*, en avant du grand Redan. « Chacune de ces attaques était séparée de l'autre par un ravin aux berges escarpées et rocheuses ; celle des ouvrages blancs était séparée de l'attaque Malakoff par le ravin du carénage, et l'attaque Malakoff de l'attaque anglaise, par le ravin de Karabelnaïa. (1) » Ces ravins avaient l'inconvé-

---

(1) Rapport du général Pélissier.

nient d'isoler les attaques; mais leurs parties couvertes permettaient au général en chef d'y placer de nombreuses et puissantes réserves à l'abri du feu de l'ennemi.

L'attaque fut préparée par un bombardement très-vif qui commença dans la journée du 6. Le lendemain l'artillerie redoubla d'efforts et la place eut comme « une ceinture de feu. » L'assaut fut donné le 7 au soir; la lutte se prolongea pendant une partie de la nuit. Que vous dirai-je de nos troupes? écrivait le commandant en chef au ministre de la guerre. « Les faits parlent plus haut que tout ce que je pourrais dire : elles ont été admirables. » On n'eut pas un seul instant à douter du succès. La brigade de Lavarande avait 200 mètres à parcourir sous des feux de mitraille et de mousqueterie; elle les franchit au pas de course, sans désordre, et pénétra dans la batterie russe par les embrasures et les brèches. Une lutte corps à corps s'engagea alors et nous restâmes maîtres de la position. La brigade de Failly s'était précipitée avec le même élan sur l'ouvrage dit du 22 février. « La distance est double, le trajet plus difficile, les feux de flanc de l'autre ouvrage très-meurtriers : rien n'arrête cette intrépide brigade. Elle arrive en masse compacte sur la batterie, escalade le parapet sous un feu roulant, et brise jusque dans l'intérieur de l'ourrage la résistance désespérée de l'ennemi. (2) »

Je ne veux pas m'étendre davantage sur le combat lui-même ; mais je veux montrer quelques-uns des héros qui donnèrent cette victoire à la patrie.

Le capitaine du génie A. de La Boissière, signalé dans le rapport du général Pélissier pour avoir gravi « un des premiers, » sous le feu de l'ennemi le parapet du Mamelon-Vert, reçut à la jambe, au moment où il arrachait à la mort un de ses sous-officiers, une blessure grave qui rendit l'amputation nécessaire.

Le *Journal d'Indre-et-Loire*, après avoir donné ce dernier détail ajoutait :

« Cet officier, dont la très-honorable famille habite le département d'Indre-et-Loire, n'a pas survécu à sa blessure, et le 15 juin, les généraux Niel et Frossard, dignes organes du corps du génie, prononçaient sur sa tombe de chaleureuses paroles pour honorer son dévouement, qui fait refléter sur l'arme une nouvelle gloire.

« Quelques jours plus tard, les malheureux parents de ce jeune capitaine recevaient, avec la nouvelle de sa mort, un paquet dont l'un de ses camarades était dépositaire depuis le 1er mai.

(2) Rapport du général Pélissier.

« Dans la prévison des dangers qu'il allait
courir, ce noble et excellent jeune homme
avait scellé dans ce paquet la lettre suivante,
monument de foi, d'énergie, de piété filiale
qui nous a paru si beau, que nous avons cru
devoir insister auprès de la famille pour être
autorisé à le publier.

« Nous lui demandons pardon de nos indis-
crètes instances ; mais les hommes qui combattent et qui meurent dans cette lutte héroïque
appartiennent à toute la France, qui recueille
avec orgueil et respect leurs hauts faits et leurs
dernières paroles.

« 1er mai 1855.

« J'écris ces quelques lignes pour vous, mes
bons parents, afin qu'elles vous soient envoyées
dans le cas où la guerre viendrait à m'enlever
à votre affection.

« Je vous les adresse à tous les deux, à toi,
ma pauvre mère, à toi mon père bien-aimé.
Mon cœur saigne pour vous en songeant qu'un
jour peut-être vous lirez ces lignes.

« Tous les souvenirs de mon enfance, de
mes parents, de mon pays, s'offrent à ma mémoire, et je verse des larmes... sur votre douleur.

« Mais pourquoi tant s'attrister ? N'y a-t-il pas
pour tous les hommes une consolation contre
toutes les douleurs ? Cette consolation, grâces

vous en soient rendues, mes bons parents, je la possède. Permettez-moi de vous la rappeler. Je n'ai pas oublié les préceptes divins de la religion chrétienne, et si je meurs, je mourrai en remerciant Dieu et la France d'être né chrétien et Français.

« Prenez donc les choses d'un point de vue un peu élevé. Le corps de votre fils, qui restera en Crimée avec tant d'autres victimes de la guerre, ce corps n'est qu'une bien petite partie de son être. Il est aussi bien dans cette Crimée que dans le cimetière de B... Mon âme vivra, et un jour, dans un temps qui n'est pas éloigné, elle retrouvera les vôtres dans le séjour des bienheureux. Ce que je dis là est vrai..., est certain..., j'en ai la conviction la plus absolue.

« Négligeons donc cette dépouille mortelle, qui n'est qu'un point dans l'immensité, qui n'est rien. Ne pleurons pas trop... Quelques jours de plus ou de moins dans la vie; que sont-ils dans l'éternité?... moins qu'une goutte d'eau dans l'Océan.

« Cette vie, je la sacrifie volontiers à mon pays, à la cause de l'humanité et de la civilisation. J'ai vingt-cinq ans. J'ai vécu plus de la moitié de ce que vivent la plupart de ceux qui fournissent une carrière complète. Faut-il donc se désoler pour vingt-cinq ans d'une existence dans laquelle j'aurais eu certainement... sans

8

aucun doute... plus de chagrins que de plaisirs; faut-il regretter vingt-cinq ans de misères, quand la mort me donne une éternité heureuse, j'ose l'espérer, car j'ai toujours été honnête homme et chrétien! — Ah! qu'elle est belle cette philosophie chrétienne qui nous donne de si hauts enseignements! Qu'elle est belle cette religion qui nous donne tant de force pour suivre la ligne immuable du devoir!

« J'ose donc espérer que vous trouverez dans ces lignes un puissant moyen de consolation et que vous direz avec une conviction profonde : Nous avons perdu notre fils !..... que la volonté de Dieu soit faite !..... mais il est mort pour son pays; il est mort en faisant son devoir, mort en chrétien..., c'est-à-dire son corps seul a péri, et nous le reverrons avant peu dans le séjour des bienheureux.

« La matière périt tôt ou tard! La fortune, les positions brillantes, la gloire, les succès, tout cela disparaît en bien peu de jours. L'âme seule subsiste.... et l'âme de l'homme de bien subsiste heureuse.

« Vous n'avez pas besoin de souvenirs de moi, car je serai toujours présent à votre esprit. Je vous en enverrai très-peu; vous recevrez mes épaulettes et mes armes; le reste sera vendu, et le montant vous en sera envoyé.

« Si je regrette la vie, c'est pour vous, mes

bons parents, pour ceux qui m'ont élevé et qui m'aiment; mais tous sont à même de comprendre cette lettre posthume et les consolations que je leur donne.

« Au revoir donc, ô mon père vénéré! toi qui es devenu le modèle des vertus civiles, après avoir été le modèle des vertus militaires.

« Au revoir donc, ô ma mère chérie! Puissent ces quelques mots consoler un peu ton cœur de mère et de chrétienne.

« Adrien P. DE LA B.

« *P. S.* Je relis ces pages, n'ayant pas voulu cacheter cette lettre sans la relire. Elles sont la traduction exacte de ma pensée. Adieu, mes parents, ou plutôt au revoir. Adieu, mon père et ma mère, et tous ceux qui m'aiment. Je ne les cite pas nominativement; j'aurais peur, si j'oubliais quelqu'un, de faire croire à l'ingratitude.

« J'ai toujours regretté pour vous d'être fils unique. »

Avant de rapporter un autre épisode de cette grande lutte citons quelques mots du rapport du général Pélissier :

« Le colonel de Brancion, au centre, avec le 50e, et le colonel de Polhès à la gauche, avec le 3e de zouaves, abordent résolùment la redoute elle-même, se jettent dans le fossé, escaladent le parapet et frappent les canonniers russes sur leurs pièces.

« Le colonel de Brancion, qui a eu l'honneur de planter le premier son aigle sur la redoute, est tombé dans cette attaque, sous la mitraille ennemie, glorieusement enseveli dans son triomphe. »

Reproduisons maintenant quelques lignes publiées dans le journal de Saint-Brieuc, la *Bretagne*, par M. de la Tour, député des Côtes-du-Nord :

« Le colonel de Brancion, mort héroïquement en plantant son drapeau sur le Mamelon-Vert, est une des gloires de notre armée. Le connaître, c'était l'aimer. On nous communique des détails touchants et consolants sur ses derniers jours. Brancion était comme presque tous ses nobles émules, un homme de foi, un vrai chrétien.

« L'aumônier en chef de l'armée d'Orient écrivait au vicaire-général d'Alger : « Le colonel de Brancion a tout l'honneur de la journée. Il est mort en héros ; ce n'est pas étonnant, c'était un saint. Prévoyant les dangers qu'il avait à courir le 7, il s'était confessé la veille. Cette belle âme était donc bien préparée, et Dieu l'a prise. » L'aumônier citait la fin du colonel comme un des faits les plus consolants pour l'Église.

« Les sentiments chrétiens de Brancion étaient

profonds. En quittant la France, il avait accompli ses devoirs religieux. Ses lettres exprimaient une foi ardente, une soumission parfaite à la volonté de Dieu ; sa résignation à toutes les souffrances de ce cruel hiver ne s'est jamais démentie. « Depuis longtemps son âme tendait à s'épurer chaque jour. Il s'en exhalait, comme de tous les chrétiens qui doivent bientôt quitter la terre, un accent particulier, une mélancolie tendre et douce... » Mme la comtesse de Brancion y voyait un triste présage ; il lui semblait que Dieu préparait ce cœur pour lui seul. La veille de sa mort, le colonel disait à ses amis en présence de ses soldats : « Je sais que je suis exposé à être tué à tout moment, et je me suis mis en mesure de paraître devant mon Créateur. Je suis prêt. » Une page écrite à la hâte le 7 juin, à *huit heures du matin,* contenant ses dernières volontés, se termine par ces mots : «*Je meurs dans la foi catholique, apostolique et romaine, heureux de donner mon sang pour ma patrie.* »

Le Mamelon-Vert reçut le nom de redoute Brancion et devint la base d'attaque de notre armée.

Le colonel Hardy fut tué aussi dans cette même affaire, à la tête de son régiment. Un de ses amis a fait en quelques lignes son oraison funèbre. Nous en donnons les derniers mots :

« Nommé lieutenant-colonel en 1850, Hardy

8.

fut envoyé en Afrique, où il prit part à vingt-
deux combats glorieux. Colonel en 1853 et envoyé en Orient, il remplissait par intérim les
fonctions de général de brigade. Profondément
religieux, son âme, tournée vers les choses
d'en haut, lui inspirait les plus beaux sentiments. Homme de cœur, militaire valeureux,
ami des arts, père de famille, il est généreusement tombé au champ d'honneur, ne laissant à sa veuve et à ses enfants que la consolation d'une mort glorieuse. »

Au nombre des officiers généraux qui ont pris
une part décisive à l'action du 7 juin, il faut
nommer le général Vergé. Il commandait la 2e
brigade de la division Camou, placée en réserve dans le ravin de Karabelnaïa. Après avoir
enlevé le Mamelon-Vert, nos troupes, entraî-
nées par leur ardeur, poursuivirent les Russes
jusqu'au fossé de la batterie Malakoff, à 400
mètres de la redoute, et cherchèrent inutilement à pénétrer dans l'enceinte. Elles durent
se replier, et l'ennemi, prenant l'offensive, fit
sortir de la place une forte colonne de troupes
fraîches. Laissons parler maintenant le commandant en chef de l'armée :

« La redoute du Mamelon-Vert ne pouvait,
en ce moment, offrir encore aucun abri. Le feu
avait fait sauter, soit une fougasse préparée
par l'ennemi, soit un magasin à poudre qui
avait gravement brûlé le commandant Tixier,

du 3e chasseurs à pied, et un certain nombre d'hommes. Des planches, des poutres, des cordages enflammés faisaient craindre de nouvelles explosions, l'intérieur de l'ouvrage n'était pas tenable. Au lieu de s'appuyer sur la redoute, notre ligne dépasse le sommet et forme un demi-cercle autour du Mamelon.

« Il n'y avait pas un instant à perdre. Le général Camou donne l'ordre au général Vergé de sortir des tranchées ; le général Bosquet envoie à la 5e division l'ordre de marcher ; le général Brunet la porte aussitôt en avant.

« Le mouvement de cette division se fit avec un ensemble imposant ; la 1re brigade, commandée par le colonel Duprat de la Roquette, du 100e de ligne, vint occuper les parallèles en arrière du Mamelon, et la 2e brigade, général Lafont de Villiers, se porta en arrière et à gauche, sous la protection d'un pli de terrain.

« La brigade Vergé se formait au même moment en colonne sous le feu de l'ennemi, gravissait la pente en battant la charge et en ralliant les troupes de la brigade Wimpffen. La position était emportée et l'ennemi refoulé une seconde fois dans la place : nous étions définitivement maîtres du Mamelon-Vert, que nos troupes occupaient triomphalement aux cris enthousiastes et mille fois répétés de : Vive l'Empereur ! »

Pour compléter ce récit, nous reproduisons

une lettre adressée par le général Vergé à M. Louis Veuillot, rédacteur en chef du journal l'*Univers*.

Au camp de Traktir, sur la Tchernaïa,
près Sébastopol, le 30 juin 1855.

« Mon cher Veuillot,

« Vous allez être bien surpris de recevoir une lettre de moi, et bien plus encore quand vous aurez pris connaissance de son contenu.

« Je ne puis entrer dans beaucoup de détails sur ce que j'ai à vous dire ; c'est un vœu que j'accomplis aujourd'hui ; je vous laisse le soin de deviner ce que le manque de temps me force d'omettre.

« Je recevais ici, l'hiver dernier, un journal d'Orléans, dans lequel j'ai lu avec beaucoup d'intérêt le compte-rendu des fêtes de l'Immaculée Conception, qui ont eu lieu à Rome à cette époque. J'ai même conservé les numéros du journal où se trouvent les lettres du vicomte Ch. de Caqueray, qui donne tous les détails de cette imposante solennité, et je les ai relus fréquemment, sans trop savoir pourquoi, je vous l'avoue.

« Le 7 de ce mois, j'attendais, vers six heures du soir, dans le ravin de Karabelnaïa, l'ordre de monter, avec ma brigade, à l'assaut du Mamelon-Vert, quand le courrier de France me fut apporté. Le passage suivant, que je trouvai dans l'une des lettres de Mme Vergé, attira singulièrement mon attention : « Toul, « 23 mai 1855. Voulez-vous me promettre de « faire un vœu à la sainte Vierge, pour qu'elle « continue à vous couvrir de son égide et « vous rende à toute notre affection ? » Je fis vœu immédiatement de reconnaître hautement le dogme de l'Immaculée Conception si je revenais sain et sauf de la bataille qui allait s'engager.

« Au même instant j'entendis la fusillade se rapprocher, et je reçus l'ordre de repousser les Russes qui s'avançaient sur nos parallèles. Je pris alors le pas de course, l'ennemi fut refoulé, le Mamelon-Vert repris, trente-deux bouches à feu restèrent en notre pouvoir, et pendant trente-six heures que je suis demeuré dans cette redoute ennemie, sous une pluie d'obus, de boulets, de bombes et de mitraille, qui a décimé officiers et soldats, je n'ai pas reçu la moindre blessure.

« J'accomplis donc mon vœu, en vous envoyant le sonnet à la Sainte Vierge que vous trouverez ci-contre.

« Votre ancien et dévoué camarade.

Général CH. VERGÉ.

2me division, 2me corps.

SONNET A LA SAINTE VIERGE.

A l'occasion de la prise du Mamelon-Vert (redoute de Kamtschatka),

Le 7 juin 1855, devant Sébastopol.

Sainte Mère de Dieu, que je n'ai vainement
Jamais dans le péril à mon aide appelée,
Ma confiance en toi ne peut être égalée
Que par ma gratitude et mon amour ardent.

J'ai hâte d'accomplir le vœu qu'en t'implorant
J'ai fait, lorsque j'allais courir dans la mêlée :
« De ta Conception divine, immaculée,
« Je confesse le dogme avec un cœur fervent. »

Oui, c'est bien toi qui m'as guidé dans la bataille ;
Qui des globes de feu, du plomb, de la mitraille,
As préservé mon front d'où l'effroi fut banni ;

Et je te dois de plus une illustre victoire,
Mais à toi seule aussi j'en rapporte la gloire ;
Sainte Mère de Dieu, que ton nom soit béni !

Général CH. VERGÉ.

Au camp de Traktir, sur la Tchernaïa,
le 21 juin 1855.

Reproduisons également quelques réflexions
du rédacteur en chef de l'*Univers* :

« La lettre du général Vergé touchera profondément les cœurs catholiques. A l'exemple
des anciens preux, à l'exemple des humbles
fidèles de nos jours qui, après s'être recom-
mandés à la Sainte Vierge dans le péril, se

bâtent de manifester leur reconnaissance, ce vaillant général s'acquitte d'un vœu qu'il a fait avant de marcher à l'assaut du Mamelon-Vert. C'est avec un vif sentiment de bonheur et de respect que nous publions cet acte de foi éclatant. La foi catholique, dans notre admirable armée, est héroïque comme la persévérance, comme l'humanité, comme tout le reste. Les soldats de la France donnent au monde le plus noble spectacle qu'il ait vu depuis bien des siècles. Ils bravent le respect humain comme tout autre ennemi, et ils ne craignent pas d'être ouvertement de la religion de leurs épouses et de leurs mères, de la religion des Sœurs de Charité. Là est la meilleure espérance de l'avenir. Quand les hommes qui prennent des redoutes oseront faire le signe de la croix, l'impiété verra baisser son redoutable crédit. Nécessairement, elle insultera moins à des croyances qui sont une partie de la force de ces grands cœurs, éternel orgueil de la patrie; et d'un autre côté, un général victorieux, à genoux sur le champ de bataille, paraîtra toujours plus respectable et sera toujours placé dans l'opinion infiniment plus haut que le stérile troupeau des esprits forts (1). »

(1) *Univers* du 18 juillet 1855.

CHAPITRE XI.

ACTIONS DE GRACE, ACTES DE FOI.

Après la prise du Mamelon-Vert on crut que le siége de Sébastopol touchait à son terme. Le général en chef réorganisa promptement les cadres de l'armée, et dès le 18 juin, on donna un premier assaut à la tour Malakoff; cette tentative échoua et entraîna des pertes sérieuses sans faire naître des doutes sur le résultat dernier. Les Anglais échouèrent, de leur côté, dans une attaque contre le grand Redan. Il fallut reprendre les travaux de siége, faire de nouvelles tranchées et s'y établir. C'était là, on le sait, un dur travail. Laissons un caporal au 3ᵐᵉ du génie, Barthélemi Audinet, nous donner sur ce point quelques détails. Sa lettre, adressée à un ecclésiastique de ses amis, a été publiée par l'*Univers* :

« ... Nous profitons des ténèbres de la nuit pour avancer nos travaux contre l'ennemi. On franchit la tranchée la plus rapprochée de la place, on rampe sur le ventre, on guette l'ennemi, un grand silence règne partout. Puis alors nous, sapeurs du génie, nous traçons, nous formons une nouvelle tranchée (*boyaux de communication*) avec des gabions (*espèce de paniers de 1 mètre de hauteur sur 55 centimètres de circonférence*) que l'on remplit de terre. Aussitôt ces gabions posés, on se met en devoir de former un parapet le plus tôt possible. Mais comme le terrain est très-rocailleux, il faut presque la nuit entière pour se mettre à couvert des coups de l'ennemi. Enfin, l'ennemi entendant le bruit des outils, dirige son feu sur nous. Tu comprends bien que parmi cette masse de combattants, il y en a toujours qui sont atteints. Un soir, les Russes sont arrivés sur nous à l'improviste; il a fallu en venir aux mains; les pelles, les pioches faisaient leur jeu.

« En ce moment-ci, nous avons 60 kilomètres de tranchées en zig-zag. La plus grande partie est taillée dans le roc. Je t'assure que c'est fatigant... »

Il termine en disant: « J'ai un scapulaire et une médaille de la sainte Vierge; prie Dieu pour moi et souviens-toi de moi au Saint Sacrifice. »

La pensée que contient cette dernière ligne se trouve dans une quantité innombrable de

lettres. Comme tous ceux qui prient sincère
ment, avec foi, avec cœur, nos soldats ont
reconnu la force de la prière.

Après l'assaut du 18 juin, un jeune soldat
écrivait à sa sœur, qui habite Bourg :

« Le 18, nous avons attaqué la tour Malakoff,
dont la possession nous rendrait maîtres de la
ville. Cette fois, ma division monta la première à l'assaut ; tu sais peut-être que nous
avons échoué. L'artillerie russe couvrait le
terrain d'une nappe de mitraille, aussi avons-
nous éprouvé des pertes sensibles ; il a fallu
battre en retraite. Pendant l'action, au milieu
de cette grêle de projectiles, j'ai plus d'une
fois pensé à toi en regardant ta petite médaille ;
au moins, pensais-je, il y a quelqu'un qui
prie pour moi !...

« J'en suis revenu sain et sauf. Une balle
morte m'a frappé en pleine poitrine ; mais elle
n'a pas eu seulement la force de percer ma ca-
potte.

« Tu es donc mon bon ange gardien, saint
Joseph écoute tes prières.

« Ton frère, G. »

Le journal de Caen, l'*Ordre et la Liberté*,
a rapporté le fait suivant :

« A l'attaque de la tour Malakoff, le 18
juin, le capitaine B..., du 19e, dont le fils commence ses études au lycée de Caen, se trouva

chargé de conduire le régiment, le colonel ayant été blessé et le lieutenant-colonel tué. Deux heures durant, sous la plus effroyable mitraille qu'on ait jamais vue, l'intrépide capitaine tenta l'assaut et s'opiniâtra dans les fossés de la terrible forteresse jusqu'à ce qu'un ordre réitéré du général en chef le contraignît à la retraite. Il revint sain et sauf, laissant sur le terrain 24 officiers et 500 soldats du régiment. A la suite de cette action d'éclat, il a été nommé chef de bataillon. Mais touché de la faveur extraordinaire qui l'avait garanti ce jour-là de toute atteinte, notre héros a demandé à ses amis et compagnons d'armes de France de faire célébrer, en son nom, une messe d'actions de grâces. Son vœu a été fidèlement rempli, et la cérémonie a reçu un caractère tout à fait religieux par le profond recueillement des assistants. »

Le *Moniteur du Loiret*, journal d'Orléans, va nous donner un témoignage identique. Nous l'empruntons à son numéro du 11 octobre 1855.

« Il y a deux mois, un jeune Orléanais, lieutenant au 1er de Zouaves, envoyait du camp d'Inkermann au curé de sa paroisse, un cantique en l'honneur de la sainte Vierge, et demandait des prières pour obtenir la protection de la Reine du Ciel.

« Le 8 septembre, ce lieutenant marchait intrépidement un des premiers à l'assaut de

Malakoff. Comme il montait, un biscayen laboure sa poitrine, et au même moment un pavé lancé du haut de la tour tombe sur sa tête et le renverse. On le crut mort.

« Le 15 septembre, le maréchal Pélissier appliquait sur la déchirure faite à la poitrine du lieutenant, revenu à la vie, le remède souverain des blessures du soldat, la croix d'honneur, et lui annonçait son brevet de capitaine.

« Les amis et les concitoyens du capitaine Blot seront heureux d'apprendre qu'il vient d'écrire à sa famille pour les rassurer sur ses graves blessures. Dans sa lettre il prescrit de faire célébrer une messe d'actions de grâces, et veut qu'un cierge soit placé devant l'autel de la sainte Vierge en témoignage de sa reconnaissance. »

On veut bien nous communiquer, disait la *Sentinelle du Jura*, dans un de ses numéros du mois d'octobre 1855, une lettre écrite par un de nos compatriotes à son frère du Deschaux; nous en extrayons les passages suivants :

« Sébastopol, 19 septembre 1855.

« Le 7 de ce mois, je t'écrivais pour te faire mes adieux, j'étais à la veille d'une lutte terrible dont je ne croyais pas revenir. Aujourd'hui je t'écris pour te dire que je suis sauvé; comment cela s'est-il fait? Je n'en sais rien.

« Je commandais ma compagnie de chas-

seurs ; et vigoureusement lancés au pas de
course, nous arrivâmes bientôt aux travaux
russes, qui furent escaladés et dans lesquels
nous sommes entrés comme un torrent qui
a rompu ses digues. Là, ce fut une lutte
acharnée, une lutte corps à corps, où l'officier était obligé de se battre comme un
simple troupier.

« Je dois la vie au dévouement de deux
chasseurs. Je venais d'abattre un Russe qui tenait en joue un de mes hommes, lorsqu'un ennemi se précipitant, engagea avec moi une
lutte corps à corps où je ne pouvais pas faire
usage de mon sabre. Dans ce moment, un autre
Russe me tenait au bout de son canon et allait
me faire sauter la cervelle, quand un de mes
soldats accourut à mon secours, tua d'un coup
de bayonnette celui qui me tenait par le milieu du corps, releva le canon de l'autre, et
l'abattit raide mort.

« Dans tout cela, vois-tu, cher frère, il y a
de la Providence, et le diable, tout malin qu'il
est, ne pourrait me faire croire le contraire.
Aussi veux-je te faire part d'une promesse que
j'avais faite à la sainte Vierge. Au moment
de m'élancer sur les retranchements russes, je
me suis rappelé la Vierge que tout petit je
priais, et je lui ai promis que si je sortais sain
et sauf de cette boucherie, je ferais dire chaque
mois à son autel une messe pour tous les sol-

dats morts au combat du 8. Notre-Dame de septembre, que vous fêtez en ce moment, a entendu ma prière ; c'est à nous maintenant de remplir la parole que j'ai donnée. Je compte sur toi, cher frère, pour le faire. C'est une chose sacrée que cette promesse : elle mérite tout notre respect, et je serais un infâme si j'y manquais. Sébastopol est à nous, mais il a été d'abord aux flammes. Comme à Moscou, les Russes ont tout brûlé.

« Le docteur qui vient de panser mes blessures m'annonce que je suis nommé capitaine.»

Le journal d'Arras, la *Société*, a publié la lettre suivante :

« Sébastopol, 9 septembre 1855.

« Grâce à ta médaille, mon cher Adolphe ; deux fois j'ai été préservé d'une mort certaine. A l'assaut de Malakoff, une balle est venue me frapper en pleine poitrine; mais rencontrant cette médaille, elle a dévié de sa direction, et au lieu de me percer de part en part, elle a glissé entre les côtes sans causer de lésion aux organes essentiels. J'en suis quitte pour quelques jours de lit. — Je souffre, car la percussion a été vive ; ma respiration est très pénible, et cela se conçoit, mais ce ne sera que momentané. — La balle, qui s'était faufilée dans les côtes, a été facile à extraire. — J'ai remercié Dieu et la sainte Vierge de la protection visible qu'ils m'ont accordée ; sans cette protection, je serais aujourd'hui sous six pieds de terre. — Ça été une admirable journée que cette journée du 8 ! — L'élan des troupes a été magnifique ! — Sébastopol n'existe plus. Nos pertes ont été cruelles.....

« Adieu, et je l'espère, au revoir. — je t'embrasse.

« Ton dévoué frère, P. DUMONT,

« lieutenant de la Garde. »

Citons quelques autres exemples, sans chercher à y mettre d'autre ordre que l'unité des idées et des impressions.

Au moment de s'embarquer pour l'Orient, le colonel Dupuis envoyait son offrande à Notre-Dame de Boulogne, son pays natal ; « avant de mourir, dit la *Société* d'Arras, quelques heures seulement avant de monter à l'assaut, c'était encore à la patronne de Boulogne qu'il pensait, et dans une lettre reçue par sa famille, dernière et suprême expression de son cœur, confiée à une main amie et dévouée, c'est à ses amis et aux pauvres de Boulogne qu'il adresse les derniers mots échappés à sa plume, c'est à l'autel de la Vierge qu'il destine la dernière marque de distinction qu'il ait reçue de la patrie, pour laquelle il s'apprête à mourir.

« Voici cette lettre, si simple et si touchante, que nous reproduisons avec une religieuse fidélité, et que nos concitoyens liront avec l'émotion que nous ressentons nous-mêmes :

« Inkermann, le 8 septembre 1855.
« 6 heures du matin.

« Mon bon et cher François,

« C'est aujourd'hui le grand jour d'attaque ; nous prenons les armes à sept et huit heures, à midi l'assaut sera rude : à midi !

« J'ai pleine confiance en Dieu et sur mon retour ; mais en t'écrivant j'ai voulu te prouver que jusqu'à mon dernier soupir je penserai à toi, à tes enfants, à notre bonne sœur Florentine, à tous nos bons amis et à notre excellente cité boulonnaise !... Philippe (son neveu, sous-lieutenant au 20e de ligne) vient à l'instant de me voir ; il vous dit bien des choses amicales. Adieu, très-cher frère, ou plutôt au revoir. Je t'embrasse de tout mon cœur et de toute mon âme.

« Ton frère et ton ami dévoué,

« DUPUIS. »

« *P. S.* Donne 20 francs pour la cathédrale de Notre-Dame et 20 francs aux pauvres de la ville.

(En marge.) « Si je meurs, tu donneras au

musée de Boulogne bien des choses, et à Notre-Dame ma croix de commandeur, avec l'assentiment du vénéré M. Haffreingue. »

Nous retrouvons le même langage dans une lettre communiquée à l'*Espérance* de Nancy et écrite par le commandant Dagon de Lacontrie, le 8 septembre, à huit heures du matin :

« C'est aujourd'hui le grand jour, jour de l'assaut général de Malakoff et de toutes les positions fortifiées des Russes. C'est à midi qu'on s'élancera des tranchées. Que Dieu nous protège et que la sainte Vierge nous accompagne au milieu des périls !

« Je n'ai que cinq minutes, je vous les donne. Je ne veux pas que vous soyez sans nouvelles de votre sincère ami. En cas où Dieu l'appellerait à lui, priez pour mon âme et consolez, dans ce cas, ma pauvre femme.

« La Reine du Ciel, Notre-Dame-de-la-Garde, a déjà beaucoup fait pour votre ami, et mon saint patron m'a protégé dans la nuit du 24 au 25 août, pendant laquelle mon pauvre corps a été exposé à la mitraille, aux boulets, aux bombes et à une fusillade diabolique. J'ai eu 125 hommes hors de combat, dont 24 tués. »

« M. Dagon de Lacontrie, ajoute l'*Espérance*, est mort quelques heures après avoir tracé ces lignes, en donnant à son bataillon l'exemple de la plus impétueuse valeur. Chrétien fervent,

9.

brave soldat, chef estimé de ses supérieurs,
aimé de ses subordonnés, il laisse d'impéris-
sables regrets à tous ceux qui l'ont connu ;
mais il leur laisse aussi de bien consolantes
espérances. Notre-Dame-de-la-Garde, au pied
de laquelle il avait déposé sa croix d'honneur
au moment de quitter Marseille, aura été jusqu'au trône de Dieu sa protectrice et son avo-
cate. »

Le R. P. de Damas a rapporté le fait suivant :

« Le lieutenant-colonel *** était étendu sur
son lit de douleur... Un jour il se sentit mourir. Aussitôt il tourna ses regards vers la religion ; il voulut recevoir les sacrements de l'É-
glise, et lorsque son âme fut revêtue de toutes
les splendeurs de la parfaite innocence, il demanda qu'on réunît autour de lui un certain
nombre d'officiers supérieurs, ses amis. Alors il
exprima, en quelques mots, ses dernières
volontés au sujet de sa fortune ; et puis éle-
vant un peu plus la voix, il dit avec une émotion pleine de dignité : «Mes amis, je meurs,
c'est-à-dire que je retourne dans le sein du
Dieu qui m'a donné l'existence. Je n'ai pas de
regrets ! Et après une pause d'un instant, il
ajouta : — «Mais si, j'ai un regret ! Vous direz
à ma femme que je suis peu touché de la
nécessité de renoncer à la fortune et aux honneurs qui semblaient me sourire, et que si mes

yeux versent quelques larmes dans ce moment suprême, c'est qu'il faut cesser de me dévouer pour son bonheur et pour celui de mon fils ! Au reste, elle est chrétienne, et Dieu lui donnera la résignation, en attendant le jour de notre réunion dans l'éternité. » Ensuite le colonel se tut. Un peu après, il demanda à rester seul pendant deux heures pour s'entretenir avec Dieu. Au bout de ce temps, il mourut. Je n'ai pas besoin de vous dire l'impression que produisit cette mort. Je ne transcrirai pas non plus tout le discours que le colonel de *** prononça sur la tombe entr'ouverte de son ami, en présence d'une foule nombreuse d'officiers de tous grades et de soldats dévoués. — « Notre ami est au ciel, s'écria-t-il. Imitons son exemple, afin de mériter de lui être réunis un jour ! » Cette seule phrase vous exprime les sentiments de la noble assemblée (1). »

Le général de Lourmel fut, parmi les officiers généraux, l'une des premières victimes de la guerre. Le 5 novembre 1854, en repoussant une sortie des Russes, il s'avança jusqu'aux remparts de Sébastopol, qu'un instant il espéra forcer. Une balle lui traversa la poitrine. Il conserva toute sa présence d'esprit et

---

(1) *Précis historiques* de Bruxelles. Livraison d'octobre 1855.

ses officiers ne virent qu'il était blessé qu'à la pâleur qui couvrit bientôt son visage.

« Le général fut rapporté chez lui, écrivait quelques jours plus tard le R. P. de Damas. Avant tout, il appela un prêtre pour se préparer à mourir en chrétien, et puis il se livra aux médecins. Son domestique lui rapporta son épée en pleurant. Le général la mit sur son lit, à côté de lui, et consola lui-même son serviteur. « La blessure est fort grave, me disait le « médecin. Cependant, à toute force, elle peut « n'être pas mortelle. Le moral est si puissant « chez le général, que peut-être il favorisera la « guérison. » Trois jours se passèrent ainsi entre la crainte et l'espoir. Enfin, le troisième jour, le valet de chambre du général et un brigadier de hussards accoururent à ma tente en criant : « Vite! vite! Monsieur l'aumônier, « le général se meurt! » J'accours et j'arrive au moment où M. l'aumônier de la quatrième division venait de donner la dernière absolution à cette âme de héros. Le lendemain, nous célébrâmes un service pour le général frappé au champ d'honneur. Les généraux de l'armée y assistaient. L'un d'eux prononça, en quelques mots parfaitement sentis, l'éloge funèbre du Machabée chrétien (1). »

---

(1) Lettre du R. P. de Damas aux *Précis historiques* de Bruxelles.

C'est toujours la même fermeté et la même foi. Quelques mois plus tard, l'aumônier qui annonçait à la famille du colonel de la garde, Montera, que ce brave officier venait d'être amputé, ajoutait : « Sa tranquille énergie, sa résignation absolue aux volontés de Dieu, les forces morales qu'il puise dans les secours de la religion, font espérer que nous pourrons le sauver. »

Donnons pour terminer ce chapitre quelques lignes publiées par le journal la *Haute-Loire*, et écrites par un illustre maréchal (Pélissier) à une religieuse de l'hôpital du Puy, qui lui avait envoyé une médaille de l'Immaculée Conception.

« Je commence par vous dire que je ratifie
« bien volontiers les vœux que vous avez faits
« pour moi. Et, vous aurez dû le remarquer,
« ces vœux ont été exaucés. C'est le lende-
« main de l'Assomption que j'ai battu les Rus-
« ses à Traktir, et c'est le jour de la Nativité
« de Notre-Dame que fut pris Malakoff.

« Ainsi ce sont les bonnes prières à la Vierge
« et la foi que nous y avons, qui, plus que
« le vulgaire ne le pense, nous ont été d'un
« si grand secours dans ces deux glorieuses
« journées. »

CHAPITRE XII.

A LA TRANCHÉE.

L'armée de Crimée a vu tomber plusieurs de ses chefs. Chacun comprend qu'on ait célébré leurs obsèques avec toute la solennité que la situation comportait ; mais ce qu'il faut constater c'est le sentiment profondément religieux qui présidait à ces glorieuses funérailles. Sur ce point, comme sur tous les autres, nous devons choisir un exemple entre beaucoup d'autres, car les faits abondent.

Le 15 avril 1855, le général du génie Bizot fut frappé d'une balle dans la tête au moment où il jetait un coup d'œil par dessus nos tranchées. Quand on donna cette nouvelle au général Canrobert, ses traits s'altérèrent subitement et il dit, comme se parlant à lui-même : « pauvre Bizot, chef habile, intrépide soldat ; c'était la volonté de Dieu. »

Le lendemain on procéda aux obsèques.

« Les soldats du génie entouraient silencieusement l'espace où devait se passer la funèbre cérémonie. — Au milieu de cette foule c'était un silence triste et grave qui impressionnait vivement. Au loin le canon tonnait et les fusées sillonnaient le ciel ; amis et ennemis saluaient ainsi des salves de leur artillerie l'intrépide soldat dont notre armée déplorait la perte.

« Le service s'est fait dans la cabane qui sert de chapelle.

« Puis, de cette cabane arrangée avec soin par l'aumônier, sont sortis deux corps portés par les soldats du génie ; — le premier était celui du général Bizot avec son uniforme, son épée, son chapeau, sa croix de commandeur ; l'autre, celui du commandant Masson, également du génie, mort le même jour d'une blessure reçue aussi dans la tranchée.

« C'était une cérémonie triste et solennelle que celle de ce double enterrement, le chef et son lieutenant, tous deux estimés, tous deux regrettés ; le drame était digne du théâtre ; — C'était au milieu de ces camps, de cet appareil de guerre, de ce bruit du combat, de ces soldats assemblés, de ces trois armées unies, pour ainsi dire, sous le même deuil.

« Derrière les deux cercueils marchaient lord Raglan, Omer-Pacha et le général Canrobert. Sur la seconde ligne le général Pélissier, le général Bosquet, le général Niel, l'amiral Bruat et l'amiral Ottoman ; puis ensuite les généraux des trois armées.

« Je ne puis vous rendre l'impression profonde que j'ai ressentie mêlé comme tous à cette foule silencieuse qui marchait à pas lents : les regards étaient tristes, les visages inclinés, ces mâles visages que le canon de l'ennemi et le feu de la mitraille trouvent levés et souriants. »

Lorsque le prêtre eut prononcé les dernières prières, les assistants s'avancèrent, tour à tour, dans un silence recueilli, et jetèrent quelques gouttes d'eau bénite sur ce cercueil que la terre allait recouvrir. Un dernier adieu fut alors adressé à l'illustre victime.

Le général Niel et le général Pélissier rappelèrent en quelques paroles les services militaires et les vertus privées de leur vieux compagnon d'armes, « l'homme du devoir et de l'abnégation personnelle. » Ils demandèrent au « Dieu des armées de le recueillir dans son sein. » Le général Canrobert parla ensuite. Il ne plaignit pas Bizot, il l'envia. Voici la fin de son discours :

« C'est justement parce que Bizot était un « noble caractère, donnant à tous, chaque « jour, le modèle du courage, du devoir « accompli sans relâche, du dévouement, de « l'abnégation ; c'est parce que Bizot avait « toutes les vertus et toutes les mâles qualités

« que Dieu, dans sa justice infinie, lui a accordé
« le suprême honneur de tomber en soldat sur
« la brèche, en face de l'ennemi. »

« A ces mots prononcés avec une énergie
que je ne puis vous rendre, une émotion profonde s'est emparée du cœur de chacun ; —
soldats et chefs ont relevé la tête, s'associant
ainsi, par l'élan de leur âme, à cette belle et
énergique pensée. » (1)

Dans la nuit du 22 au 23 mai, les Russes,
voulant arrêter les travaux que nous dirigions
contre Malakoff, firent une sortie au nombre
d'environ 10,000 hommes. Le 2e bataillon du 3e
de zouaves eut à supporter le premier choc de
l'ennemi. Le capitaine de Crécy, après avoir
combattu avec un sang-froid et un courage
qui firent l'admiration de tous, reçut plusieurs
blessures et fut fait prisonnier. Deux jours
après il écrivit à un de ses amis :

« J'ai une assez triste nouvelle à t'apprendre... J'ai été *un peu éprouvé* dans l'affaire
du 24 mai ; car à peine avais-je reçu la balle
qui me brisait le haut du bras droit, que j'en
recevais une autre qui me brisait la cuisse
droite. Les médecins ne doutent pas de la conservation de ma jambe, mais pour le bras il
n'a pas fallu y penser. Ce qui me fait le plus

(1) Baron de Bazancourt. *Cinq mois au camp devant Sébastopol.*
p. 224 - 7 .

souffrir, ce sont quelques coups de crosse que j'ai reçus en pleine poitrine.

« Mon cher Ernest, je compte sur vous pour préparer ma pauvre femme à cet événement si grave ; mais dites-lui bien que j'espère conserver la vie, et rentrer un jour en France. »

Après avoir dicté cette lettre, le capitaine put la signer de la main gauche. Outre les blessures qu'il avait avouées, afin de préparer sa femme à tout craindre, ou sut plus tard, par une hospitalière russe, « que sa tête était pourfendue « de coups de sabre, qu'il avait reçu un coup « de bayonnette dans la poitrine ; quant aux « coups de crosse, il en était abimé. »

Les officiers russes qui avaient fait emporter le capitaine de Crécy, manifestèrent tout haut leur admiration pour son éclatant courage. Il montra la même force sur le lit d'hôpital où la mort vint le prendre après six jours de souffrances inouïes. Ce héros était un homme de foi ; au moment de son départ il écrivait à sa femme :

« ... Je te le répète, je vais au combat avec confiance ; j'y ferai mon devoir, confiant dans vos prières ; si je succombe, ce sera du moins avec l'espoir de nous retrouver un jour. Mais, Dieu nous a tellement protégés jusqu'à présent, qu'il permettra que nous nous revoyons dans ce monde. J'en ai bon espoir ; n'en disons pas moins : que sa Volonté soit faite et son Nom béni ! »

Quelques mois auparavant, le capitaine de Crécy avait eu à annoncer la mort d'un de ses amis, le capitaine de la Barre. « Quand j'ai appris cette mort, écrivait-il, j'ai cru que le cœur allait me manquer, que je ne pourrais plus me battre.... ; mais bientôt, rappelant mon courage, je ne pensai plus qu'à venger mon ami. L'ordre venait d'être donné de charger à la bayonnette. J'enfonçai mes éperons dans les flancs de mon cheval, et m'élançant à la tête des zouaves, je criai : à la bayonnette! Dieu m'a protégé, et mon pauvre camarade a été bien vengé. Je l'ai fait transporter à l'ambulance, et j'ai recueilli tous les souvenirs précieux pour sa pauvre femme : ses cheveux, sa croix, et la *petite médaille qu'il portait à son cou.* »

Un autre capitaine écrivait au curé de Grimbosq (diocèse de Lisieux) : « Je règle mes affaires de telle sorte, que s'il plaît à Dieu de m'appeler à lui, je sois prêt à lui répondre : *présent !* » Il fut tué quelque temps après avoir écrit cette lettre.

Deux de nos officiers avaient disparu en repoussant une sortie. On ignorait leur sort. Le lendemain un parlementaire russe se présente, et remet au général en chef de l'armée française une lettre dictée par les deux officiers. Ils annonçaient qu'ils étaient mourants à l'hôpital de Sébastopol. Ils avaient pu tracer cette ligne au-dessous de leur signature : « je meurs en soldat et en bon chrétien (1). »

Les pages s'accumulent, et nous devons résumer quand nous voudrions citer longuement. Nous nous bornerons à rappeler quel accent de foi et de piété on a remarqué dans les lettres écrites par des officiers et de simples soldats pour annoncer à la famille de l'ami qu'ils avaient perdu, le malheur qui la frappait : « Il est mort en brave et en chrétien » disaient-ils, et que de fois ils ajoutaient, comme pour l'adjudant Prévost, de Saint-Omer : Voici ses dernières paroles : « Adieu, mes bons et chers parents; « je meurs en vous demandant votre béné- « diction ; je me recommande à Dieu. »

Tous les noms, toutes les positions, tous les grades nous fournissent les mêmes exemples. Rappelons quelques mots prononcés sur la tombe du marquis de Chabannes, par un officier qui l'avait vu au feu, et qui sût, en parlant de son ami, peindre un noble caractère et un grand cœur :

« Issu d'une de ces familles qui avaient « pris part aux Croisades, de Chabannes a sol-

---

(1) Baron de Bazancourt. *Cinq mois au camp devant Sébastopol.* p. 17.

« cité la faveur de venir partager nos fatigues
« et nos dangers, il est venu braver le fléau
« dévastateur qui nous décime, et il est mort
« sur cette terre d'Orient, avec la foi d'un sol-
« dat de saint Louis et en faisant des vœux
« pour la gloire et le bonheur de la France. »

Edme de Chabannes s'était engagé comme
simple soldat. Cette foi dont le chef de son bataillon le louait en termes si dignes, était une
foi pratique. Le prêtre qui lui a donné les dernières consolations spirituelles, le R. P. de
Damas, ne lui a pas entendu prononcer, pendant les trois jours qu'il a passés à son chevet, une seule parole amère trahissant le regret de la vie. Il avait la sérénité de l'homme
qui meurt pour son pays et en paix avec son
Dieu.

Le baron de Saint-Priest était capitaine au
28ᵉ de ligne et marié depuis peu de temps
lorsque son régiment fut envoyé en Crimée.
Les rudes épreuves de la campagne commen-
cèrent bientôt pour lui. Il tint d'abord garnison au Pirée, et le premier ennemi qu'il
eut à combattre fut le choléra. Il se montra
digne de son vaillant et excellent chef, ce regrettable général Mayran, qui s'est fait en peu
de jours une si belle place dans les souvenirs
de l'armée, et qui se fit admirer des Sœurs de
Charité autant que de ses soldats. Au moment
de quitter Athènes, le capitaine de Saint-Priest

écrivait à sa famille, ce qu'elle savait bien, qu'il n'oublierait ni ce qu'il devait à sa patrie, ni ce qu'il devait à son nom; et il ajoutait, afin de rassurer les siens sur un point plus important encore : « Je vais trouver le vieux prêtre pour régler toutes choses avant mon départ. »

Sa conduite en Crimée, durant ce terrible hiver qui moissonna tant de victimes, fut celle des meilleurs; nous dirions celle de tout le monde, s'il n'avait mérité d'être placé à la tête d'une de ces compagnies de francs-tireurs qu'il suffit de nommer pour donner la plus haute idée de l'ardeur militaire. A l'attaque de la nuit du 12 avril contre les ambuscades russes, il se trouva un moment engagé avec trente-huit hommes au milieu de plusieurs centaines d'ennemis. Toute l'armée admira sa bravoure chevaleresque. Dans cette affaire, son lieutenant fut tué à côté de lui, et son sous-lieutenant, M. Morguet, le croyant prisonnier, avait deux fois, avec six grenadiers, percé la masse des Russes pour le délivrer. Un mois après, il reçut la blessure d'abord jugée peu grave qui devait mettre fin à une carrière si bien commencée. Il put lui-même écrire à sa mère un récit de cette dernière action, récit incomplet, car il y parle à peine de lui, tandis que le rapport de son chef de bataillon le désignait en premier parmi ceux qui avaient le mieux fait.

La croix d'officier de la Légion-d'Honneur fut le prix de sa belle conduite. Elle lui fut apportée, hélas! sur son lit de mort. Courageux et calme jusqu'au bord du tombeau, il employa ses derniers jours à purifier son âme; plein de douceur pour ceux qui l'avaient aimé et pour ceux dont il pouvait se plaindre, il demanda les Sacrements, les reçut et rendit en paix le dernier soupir, sans daigner accorder un regret à la vie. Il avait trente-trois ans. Le dernier souvenir que reçut de lui sa mère infortunée fut le scapulaire qu'elle lui avait donné avant son départ, avec sa bénédiction.

« De toutes les lettres écrites de Crimée depuis le commencement de la guerre, disait le journal la *Bretagne*, dans un de ses numéros d'octobre 1855, et qui ont été publiées, il n'en est peut-être point de plus touchante dans sa simplicité que celle qu'a reçue, il y a quelques jours, M. le curé de Saint-Nicolas-du-Pélem, au sujet de la mort d'un jeune homme de sa paroisse :

« Devant Sébastopol, le 21 août 1855.

« Monsieur le curé,

« J'avais dans ma compagnie un brave et vaillant soldat de la commune dont vous êtes le digne pasteur : le caporal Corbic (Jean). Ce pauvre enfant a été tué par un éclat de bombe dans la nuit du 19 au 20 août. C'était un courageux soldat. Sa conduite pendant sa vie était sans reproches, et sa mort est un exemple de résignation chrétienne. Si quelque chose doit adoucir la douleur de ses parents de la perte de leur fils, c'est sa fin !... Jean Corbic est mort comme un noble enfant de la France ; sa dernière pensée a été une prière à Dieu et peut-être aussi une pensée à sa mère.

« Dès que Corbic fut blessé, je le fis emporter pour lui donner des soins à l'ambulance ; mais, chemin faisant, il se sentit mourir. Aussitôt il fit signe aux hommes qui le portaient de le poser à terre ; puis il leur dit : « Mettez-moi à genoux. » Dans cette position humble, comme il convient quand il faut prier Dieu, il fit une courte prière, se fit remettre sur le brancard et dit à ses camarades : « Maintenant je puis mourir. » En arrivant à l'ambulance, Corbic avait cessé de vivre.

« J'aurais cru manquer à mon devoir comme homme et comme officier français, en laissant ignorer à une famille en pleurs les détails de la fin toute chrétienne de leur fils bien-aimé.

« Veuillez agréer, Monsieur le curé, etc.

« Signé : *le capitaine de la 2e, du 2e ba-*
« *taillon du 49e régiment*
« *de ligne.* »

— « Mon enfant, que puis-je faire pour vous ? » disait le R. P. de Damas à un soldat étendu par terre sur le champ de bataille, lors du premier assaut de la tour Malakoff. » — « Mon Père, répondit le blessé, vous m'avez reconcilié avec Dieu. Je ne vous demande plus qu'une chose : Veuillez prendre mon porte-monnaie dans ma poche ; vous y trouverez un petit billet qui exprime mes dernières volontés. » En effet, je fis ce que demandait le mourant, et je lus avec émotion ce billet : « 17 « juin 1855. Demain je vais au feu. Si je suc- « combe sur le champ de bataille que Dieu « veuille avoir mon âme. Quant à mon argent, « cinq francs seront donnés à ma compagnie, « et le reste servira à faire dire des messes pour « le repos de mon âme. » Sur l'adresse du billet, il y avait : « Si tu es Français, toi qui as « trouvé ce porte-monnaie, je suis sûr que tu « rempliras mes intentions. Si tu ne l'es pas, « ne sois pas pire qu'une bête féroce, et mon- « tre-toi Français pour ce jour-là en remplis- « sant les dernières intentions d'un soldat « mourant pour son pays. »

Le même aumônier cite le passage suivant d'une lettre où une mère chrétienne lui annon-çait le départ de son fils unique pour la Cri-mée :

— « Hélas ! je pleure, et cependant je suis heureuse. J'ai toujours désiré que mon fils fût

un bon serviteur de son pays et de son Dieu.
En France, il se perdait dans l'oisiveté et dans
la débauche. En Crimée, les souffrances et la
présence continuelle de la mort le ramèneront
sans doute à des sentiments meilleurs, et ses
forces et son temps seront consacrés à l'exercice de nobles devoirs. Qu'est-ce que sa mère
peut désirer de plus? Sans doute, il succombera
peut-être dans la lutte, mais son bonheur éternel sera assuré. Alors je me couvrirai, en pleurant, de mes habits de deuil que je ne quitte-
rai plus; et, pauvre veuve, séparée de mon fils,
je consacrerai ma vie aux bonnes œuvres pour
obtenir de Dieu qu'il me réunisse éternelle-
ment à ceux que j'aime (1).

Ferdinand Lefaivre, fils du colonel du génie
qui défendit Badajoz, était à la tranchée devant Malakoff, la nuit du 27 au 28 juillet. Il
s'y trouvait, on peut le dire, par sa volonté,
n'ayant obtenu qu'à force de longues instances
la permission d'être détaché de son régiment
pour faire la campagne. Un éclat de bombe
l'atteignit à la tête, pendant qu'il observait,
debout, le feu de l'ennemi. Il s'écria: *O ma mère!*
et tomba, baigné de sang. Tout le monde le
chérissait. Son capitaine, M. d'Arguelle, et ses
soldats se précipitèrent vers lui. Mais il s'était

---

(1) *Précis historiques* de Bruxelles. Livraison d'octobre 1855.

déjà remis sur pied, en proie à une rapide
hallucination qui lui faisait croire que le projectile lui avait enlevé la tête, et qu'il voyait
ses membres sauteler autour de lui. Lorsqu'il
reconnut M. d'Arguelle : « Capitaine, lui dit-il,
« soyez assez bon pour écrire à mon père que
« je meurs à mon poste, en soldat et en chré-
« tien. » Son père, sa mère, son devoir envers
la patrie et envers Dieu, voilà les pensées que
Lefaivre exprima et que nous retrouvons chez
tous ses compagnons d'armes.

La blessure du jeune lieutenant ne parut pas
mortelle et ne l'était pas en effet. Mais des accidents survinrent. Un ouragan inonda sa
tente ; il fallut le transporter en toute hâte à
l'ambulance ; la fièvre le prit. Cependant on
espérait encore son prompt rétablissement. Il
écrivait à sa famille :

« Ce que je vous recommande, c'est de ne
« pas vous tourmenter. Je vous le répète, ce
« sera un peu long, mais pas douloureux du
« tout. J'ai mon ordonnance à côté de moi
« pour cette nuit ; mes camarades viennent me
« voir bien régulièrement. Ils sont tous char-
« mants pour moi. Je cause souvent avec l'au-
« mônier de notre division, qui est frère de
« l'un des rédacteurs de l'*Univers ;* il vient
« tous les jours nous faire sa visite ; il est tou-
« jours bien reçu. On perd bien du monde.
« Plus nous avançons et plus le feu des Russes

« est vif. Il faut que je vous conte une petite
« scène à plat-ventre, qui s'est passée l'autre
« jour entre des Russes et des hommes de mon
« bataillon. Placés en embuscade à quinze pas
« les uns des autres, par une coïncidence bi-
« zarre, ils avaient reçu des deux côtés l'ordre
« de ne pas tirer. Au bout d'un certain temps,
« l'un des nôtres, fatigué d'être à plat-ventre,
« s'assied sur les talons. Un Russe en fait au-
« tant. Bientôt un second Français se lève, et
« aussitôt un second Russe. Enfin, voilà les
« deux embuscades dans cette posture, se re-
« gardant l'une et l'autre. Il se trouvait de
« notre côté un caporal qui, ayant longtemps
« habité Saint-Pétersbourg, savait le russe. La
« conversation s'engage : Comment ça va-t-il?
« Pas mal et vous ? Les nôtres demandèrent
« aux Russes s'ils voulaient du pain ; ils répon-
« dirent que non, mais que du biscuit leur fe-
« rait plaisir. Nos soldats leur en jetèrent. On
« s'amusait ainsi lorsqu'une ronde russe sur-
« vint. Les Russes firent : *Chut!* et de part et
« d'autre on se *replaventra*. Ainsi finit la
« scène. Adieu, chers parents. Je vous remer-
« cie de tous les détails sur votre intérieur;
« ils me mettent à même de me croire au mi-
« lieu de vous, quoique à huit cents lieues, et
« tout cela me charme. »

Le mal s'aggrave et de l'ambulance du camp
Ferdinand Lefaivre dût être transporté à Cons-

tantinople. Une angine le prit alors et tout
espoir dût cesser. Un saint et illustre prêtre,
M. l'abbé Eugène Boré, ami de l'un des parents
de Lefaivre, a raconté les derniers moments de
ce jeune et brave officier. Voici sa lettre. L'auteur y fait, sans y songer, une exacte pein-
ture du zèle religieux qui veille au chevet de
nos blessés :

« Constantinople, 16 août.

« Bien cher ami,

« Depuis un mois environ, je suis aumônier
« volontaire et par *interim* de nos officiers
« dans l'hôpital de Péra. Nos vacances, qui
« ont commencé depuis quinze jours, m'ont
« permis de mieux remplir ces fonctions, et
« j'ai chaque jour occasion d'y admirer les
« vues de la Providence. Tu vas en juger :
« Il y a six jours, l'on amena un jeune lieu-
« tenant blessé à la tête dans la tranchée, la
« nuit du 28 juillet. A la suite de cette bles-
« sure, un violent mal de gorge se déclara,
« et le malade pouvait à peine avaler les po-
« tions qui lui étaient prescrites. Je remarquai
« tout aussitôt son air martial et pourtant ré-
« signé ; et aux paroles que je lui adressais,
« il me répondait avec une bienveillance qui
« témoignait de ses bonnes dispositions reli-
« gieuses. Quand j'avais occasion de lui rendre

10.

« quelques petits services en l'absence de l'in-
« firmier, il me serrait la main pour m'ex-
« primer sa reconnaissance, à défaut de la
« parole qui lui manquait déjà.

« Le 14 août, j'avais été très-occupé par les
« confessions des personnes qui se préparaient
« pour la belle fête du lendemain. Une des
« Sœurs me dit que le jeune lieutenant du 85e
« allait plus mal, et qu'elle craignait pour sa
« vie. Je me rendis aussitôt près de lui, et en
« effet la fièvre et la douleur augmentaient.
« Comme il était déjà tard et qu'il n'y avait
« pas de danger immédiat, je lui annonçai,
« au milieu de quelques paroles d'encourage-
« ment, que je reviendrais le lendemain lui
« parler de la sainte Vierge.

« Il me fit un signe qui exprimait son con-
« tentement. Le lendemain, je revins, et
« voyant son état empirer, je songeai à le con-
« fesser. Il s'acquitta de ce devoir avec sa pleine
« connaissance, répondant à tout ce que je lui
« disais, et entrant même dans certaines ex-
« plications. Quand nous eûmes terminé, il
« me manifesta sa joie, et me dit : Monsieur
« l'abbé, j'ai un service à vous demander. —
« Lequel, mon ami, parlez ; je suis prêt. —
« C'est, ajouta-t-il, d'avertir M. l'abbé Eugène
« Boré que je suis ici. — Mais c'est à lui-même
« que vous parlez, mon ami.

« Il me jeta alors un regard qui me perça le

« cœur, tant le regret s'y mêlait à la joie et
« à la surprise. — Je suis, dit-il, le frère du
« capitaine Lefaivre, que vous avez visité à
« Varna. Mon nom est mal écrit sur le bulletin
« d'entrée. En effet, on y lisait *Faivre*. Ces
« paroles furent comme un coup de poignard
« pour moi, et j'eus de la peine à lui cacher
« mes larmes. Je lui dis que j'allais célébrer la
« sainte messe pour lui, dans ce beau jour de
« Marie. Il sourit doucement. Si vous pouviez
« avaler, je vous donnerais la sainte com-
« munion, ajoutai-je ; mais après la messe je
« viendrai vous donner un autre sacrement qui
« y suppléera et qui vous fortifiera. Après la
« sainte messe, je descendis et je lui administrai
« le sacrement d'Extrême-Onction, qu'il reçut
« avec foi et piété. Il me serra encore la main,
« comme pour me dire qu'il ne se faisait pas
« d'illusion sur son état. Ayant été appelé ail-
« leurs, un autre lieutenant blessé, qui le soi-
« gnait comme un frère, a recueilli ses der-
« nières paroles: « *Je ne regrette pas la vie ;*
« *mon désir eût été de mourir à mon poste, en*
« *Crimée.* » C'était le regret du militaire.
« Comme catholique, il ne voulait que l'ac-
« complissement de la volonté de Dieu, et sa
« fin est bien consolante.

« C'est de cette façon, cher ami, que notre
« fête du 15 août a été marquée pour moi et
« pour toi. Nous devons remercier la divine

« Marie, qui a bien voulu prendre ton beau-
« frère Ferdinand le jour de son triomphe. Ce
« matin, j'ai célébré la sainte messe à son in-
« tention. Prépare ta chère femme et ses
« autres parents. Salue ta famille. Je reste, en
« l'amour de Jésus et de Marie, ton tout dévoué.

« E. BORÉ.

« Prêtre de la Mission »

CHAPITRE XIII.

———

Il faudrait un gros et très-gros volume pour rapporter tous les traits de courage qui ont marqué le siége de Sébastopol; nous ne songeons nullement à tenter pareille entreprise; mais nous voulons citer, au moins, quelques faits à cause surtout de la simplicité avec laquelle ils sont rapportés par de braves gens qui, même après les avoir accomplis, ne songent nullement à se tenir pour des héros.

Le *Journal de Beaugé* (Maine-et-Loire), a publié la lettre suivante écrite par un simple soldat à sa mère:

« Je vous dirai qu'il y avait à 100 ou 120 mètres de notre tranchée un panion-jalon que les Russes avaient placé là pour tirer à ricochet sur une de nos batteries, et déjà dix ou douze de nos artilleurs avaient perdu la vie et deux de nos pièces étaient hors de service; il fallait donc à toute force enlever ce point de mire; mais, pour tenter le coup, il fallait pouvoir trouver un homme qui voulût se sacrifier, se résoudre presque à perdre la vie ; car il fallait se glisser sous un feu nourri de trente-deux bouches à feu.

« Cependant il y avait une chance à courir ; il y avait là d'énormes blocs de pierre qui pouvaient me mettre à couvert du feu de l'artillerie, mais aussi je pouvais tomber dans une embuscade d'un poste russe avancé, me faire faire prisonnier, ou bien me faire tuer par une sentinelle avancée.

« Depuis vingt minutes à peu près, mon lieutenant était à parler avec un chef d'escadron d'artillerie qui lui demandait si parmi ses tirailleurs il ne connaissait pas un homme capable de s'acquitter de cette mission ; il lui dit qu'il se chargeait de lui trouver l'homme qu'il lui fallait ; car il est bon de vous dire que, depuis quatre mois, je fais partie des tirailleurs francs-tireurs, dont on parle tant en France.

« Enfin, le chef d'escadron vint vers moi et me conta l'affaire. Cinq minutes m'ont suffi pour réfléchir à ce que j'avais à faire. Je pensai à vous, mon excellente mère, et à ma petite sœur Manette, car je n'étais pas sûr de vous revoir... Enfin, je vole par-dessus la tranchée, je me dirige vers le but désigné... Le cœur me battait avec force... Je prends le jalon dans mes bras, je le secoue avec bien de la peine, et je parviens à l'arracher de terre... Mais, au moment où le point disparaissait à l'horizon, une détonation terrible se fit entendre, et une grêle de balles et de mitraille vint pleuvoir sur ma tête.

« Je me sauve avec la rapidité d'un lièvre, mon trophée sur l'épaule ; je tombe dans les bras de mon lieutenant, qui me reçoit avec amitié.

« Un rapport fut fait de suite au général en chef, et je fus cité à l'ordre du jour de mon bataillon et de toute l'armée, pour mon sang-froid et mon courage.

« Je ne vous dirai pas ce que je ressentis lorsque je m'entendis proclamer pour la décoration, j'étais fou de joie ; et si Dieu a la bonté de me préserver d'un malheur le jour de ce terrible assaut, j'espère aller me reposer au foyer maternel.

« Tout à vous et pour toujours.

« Votre fils, Victor PICAULT. »

Ce brave soldat a reçu la médaille militaire. Voilà comment on gagne les décorations en Crimée. Que de gens de bureaux, qui obtiennent une croix d'honneur en récompense de quelques années de service sur un fauteuil, estiment cependant l'avoir bien méritée !

I.

M. Daram, capitaine dans les voltigeurs de la garde impériale, a donné dans une lettre adressée à l'un de ses parents et publiée par le *Journal de Toulouse*, les détails suivants sur un épisode de la journée du 18 juin (première attaque contre Malakoff) :

« Le jour du combat, je fus détaché, avec deux compagnies, en avant du Mamelon-Vert, devant Malakoff, dans une tranchée russe qu'on venait de prendre. A quelques mètres en avant, mon sous-lieutenant et quarante hommes faisaient face aux embuscades russes. Un de ses voltigeurs se traîne à terre à quatre pattes, et va porter de l'eau à quelques blessés que nous entendions se plaindre. Arrivé là, dans les hautes herbes, en dépit des balles des embuscades russes, il eut l'idée de prendre un blessé sur son dos et revint très-heureusement avec son fardeau.

« Mon sous-lieutenant me fit prévenir de cet heureux voyage et me demanda si on pouvait continuer. J'arrivai presque en rampant auprès de lui, car le passage était à découvert et les Russes tiraient dès qu'ils voyaient quelqu'un passer... Enfin, le service s'organise, chaque voltigeur voulait avoir son blessé. Deux entre autres m'en ont rapporté cinq chacun. Bref,

ce manége a duré toute la journée et mes voltigeurs ont sauvé trente-huit blessés.

« Vois-tu le bonheur de ces malheureux,
qui de prisonniers des Russes se sont retrouvés
avec des Français! Il y en avait qu'on a été
chercher à plus de 400 pas en avant de mes
lignes. J'étais heureux ; je n'aurais pas donné
ma journée pour beaucoup... Mais qui enra-
geait? C'étaient les Russes !

« Nous avions pris dans la compagnie dix
ou douze de nos meilleurs tireurs, et dès qu'un
Russe mettait le nez hors de l'embuscade pour
tirer sur ceux qui ramenaient un blessé, deux ou
trois balles venaient siffler à ses oreilles et souvent le toucher, lui ou un autre, dans l'embuscade ; nous étions un peu plus élevés qu'eux,
et ils ne pouvaient pas nous le rendre facilement ; il en était de même lorsqu'ils voulaient
sortir pour dévaliser les morts ou les blessés. »

Dans la nuit du 2 mai 1855, un lieutenant
du génie, M. Lullé-Dujardin, voit hésiter ses
travailleurs, assaillis par une grêle de balles
et d'obus, qui bouleversent la gabionnade en
blessant et tuant plusieurs hommes.

— Allons, enfants, s'écrie le lieutenant, ce
n'est rien ; il n'y a pas de danger ; voyez,
plutôt !

Et, sautant de l'autre côté des gabions, il y
reste, pleinement exposé aux coups de l'ennemi ; il eut le bonheur de n'être pas touché.

11

Exaltés par cet exemple, les soldats se remirent au travail. Le rempart fut élevé.

M. Lullé-Dujardin fut tué quelques jours après.

Un jeune lieutenant de la garde impériale a écrit à sa famille la lettre suivante que la *Gazette de Lyon* a publiée :

« Dans la nuit du 4 au 5 mai 1855, j'ai échappé à une mort certaine d'une façon *toute miraculeuse*. Voici le fait :

« Dans les tranchées, les projectiles tombent comme la grêle ; mais ce qui est plus terrible, ce sont les bombes et les obus lancés en bombes. Il est donc important de signaler l'arrivée du projectile, et des hommes désignés veillent à cela et avertissent par ce cri : *Gare la bombe !* Tout le monde alors lève la tête, et on se préserve en se jetant à droite et à gauche et en se couchant par terre. A un de ces cris, malheureusement poussé un peu tard, je lève la tête... La bombe, ou plutôt un obus lancé en bombe, tombait presque sur notre parapet au-dessus de moi. Le danger était imminent.... Sans beaucoup réfléchir, je me précipite avec deux de mes voltigeurs dans un trou qui se trouvait de l'autre côté de la tranchée. A peine y étions-nous, que retentit ce cri de : *Gare le lieutenant !* et la bombe avait roulé dans notre trou.... A ce moment, un de mes pauvres soldats, qui était *sur moi*, me serre en me disant :

Mon lieutenant, nous sommes fumés. Ce fut son dernier mot. La bombe avait fini de fuser.

« J'avais passé un moment suprême et bien terrible. J'avais pensé à vous tous *et à Dieu....* J'avais répété la prière que ma mère me recommande dans sa dernière lettre. La bombe éclate, et, au même moment, se fait entendre le long gémissement de l'autre homme dont la jambe était brisée par un éclat de pierre.... Quant au pauvre diable qui me tenait presque dans ses bras, j'avais senti sa dernière étreinte : un énorme éclat de bombe s'était logé dans son dos, en lui brisant la colonne vertébrale et les épaules ; il est mort sans souffrir. Quant à moi, grâce à un miracle et à mes énormes bottes de Constantinople, je suis *sain et sauf.*

II.

Personne n'ignore l'amour du soldat pour son drapeau. L'officier auquel on confie le soin de porter cet emblème précieux auquel l'honneur du régiment est attaché, a en quelque sorte une mission religieuse. Ce sentiment qu'on ne saurait trop honorer, a toujours été fécond en grands exemples. C'est pour planter son drapeau sur les retranchements du camp russe que Poidevin s'est fait tuer à l'Alma. Il a succombé, mais d'autres mains saisirent le glorieux fardeau qui lui échappait, le régiment tout entier se précipita pour l'entourer, et il resta où Poidevin l'avait arboré.

L'officier qui portait le drapeau du 6ᵉ de ligne à Inkermann, s'était jeté en avant pour entraîner les hommes ; une balle l'étend roide mort. Les Russes se précipitent en foule et réussissent à s'emparer du drapeau, qui passe ensuite de main en main, jusqu'à leurs derniers rangs.

On s'imagine l'effet produit par cet incident sur les soldats du 6ᵉ. Le colonel, M. de Camas, s'élance au milieu des Russes et tombe percé de leurs baïonnettes. Mais des soldats l'ont suivi, et une épouvantable mêlée s'engage autour de lui. « Au drapeau, mes enfants ! » avait crié le brave colonel avant de disparaître. « Au drapeau ! » répétèrent les officiers et les soldats. Les Russes sont culbutés. Deux officiers, le lieutenant-colonel et un chef de bataillon, atteignent le drapeau aux cris de : *Vive l'Empereur !* ils tombent ; mais les Russes sont repoussés et le drapeau est sauvé.

Le 18 juin, à l'attaque de Malakoff, le colonel Picard, du 91ᵉ de ligne, voit tomber son drapeau sous une volée de mitraille. On le relève ; la hampe du glorieux trophée est brisée une seconde fois dans les mains de l'officier qui le porte ; la mitraille le déchire ; on sonne la retraite. Le colonel Picard a reçu trois blessures, un biscaïen au-dessus de la hanche droite, un éclat d'obus au ventre, et un coup de pierre à la poitrine ; affaibli par le sang qu'il perd, il se traîne difficilement, appuyé sur un sapeur ; dans cet état, le colonel ne veut point quitter la tranchée avant d'avoir vu son drapeau : on le lui apporte, il le touche de ses mains et le fait transporter en avant de lui !

Le lieutenant Poussin avait remplacé Poidevin au 39e de ligne comme porte-drapeau. Il était digne de cet héritage.

Après l'attaque infructueuse donnée au bastion central, un capitaine du régiment se trouvait parmi les blessés restés en avant des tranchées et presque au pied du bastion. Poussin demanda des hommes de bonne volonté pour enlever cet officier. Quatre soldats répondirent aussitôt à son appel. Plusieurs des amis de Poussin l'engageaient à retarder d'une heure ou deux, mais tout retard augmentait le péril de celui qu'il voulait sauver ; il franchit le parapet, arriva auprès du blessé et le fit enlever. A peine avait-il fait quelques pas pour rentrer, qu'il fut tué ; les hommes et le capitaine blessé arrivèrent dans la tranchée sans accident.

Ce jeune officier, né à Blaury (Ardennes), écrivait à un ecclésiastique, son frère, quelques jours avant sa mort, en pleurant un autre frère, tué le 29 août, à l'âge de dix-huit ans : « Moi aussi je fais volontiers le sacrifice de ma vie. Je n'espère plus guère te voir, à moins qu'une bombe ne m'enlève un bras ou une jambe. C'est presque ma seule chance. Quoi qu'il en soit, je ferai mon devoir jusqu'au bout, plein de confiance en Dieu et en la lame de mon sabre.

« A la caserne, nous oublions souvent nos devoirs ; ici, nous redevenons vraiment chrétiens. Je t'envoie la croix russe que je portais à Malakoff, mais à condition que tu m'en enverras une autre. J'ai reçu tes médailles, deux sont sur ma poitrine, et les deux autres ont suivi mon pauvre frère dans la tombe. Prie Dieu pour le repos de son âme. »

III.

Un enfant de Saint-Brieuc, Tardivel, grièvement blessé sous les murs de Sébastopol, écrivait à son père après avoir subi l'amputation d'un bras :

« Mon bon père,

» A l'époque de ma dernière lettre, je me portais bien et n'avais pas encore eu d'accidents : mais Dieu n'a pas permis qu'il en fût toujours de même (que sa volonté soit faite) ; car vendredi 17 août, à huit heures et demie du matin, il arrive, par malheur, un boulet de dix-huit qui ricoche sur moi, m'emporte le bras gauche, tue un sergent qui était à côté de moi, et va labourer la tête d'un brave soldat à quelque distance.

« On m'a porté de suite à l'ambulance des tranchées, et là on m'a fait l'amputation du bras. Les chirurgiens de garde m'ont demandé si je voulais être endormi; j'ai répondu : « Non; je veux voir si j'ai encore le courage de supporter l'opération. » En effet, je l'ai supportée comme il faut, mais non sans souffrir beaucoup, je te prie de le croire. Dans mon malheur, j'ai eu du bonheur, car je n'ai pas éprouvé un instant de fièvre, et depuis ce temps mon moignon va de mieux en mieux, à tel point que je puis me dire sauvé. Si j'ai attendu jusqu'aujourd'hui pour vous écrire, c'est que je voulais savoir comment j'irais, et je vais très-bien. Le docteur est tout étonné de la prompte guérison de mon bras ; il m'assure que tout ira bien. J'ai bon courage, bon cœur et bon appétit ; je mange et bois comme si j'étais en parfaite santé ; je ne souffre que très-peu : aussi ai-je l'espoir d'être évacué pour France dans quinze jours ou trois semaines.

« Mes bons parents, prenez ce mal en bien, ne vous faites pas de chagrin, car moi je ne m'en fais pas. Cet accident sera cause que vous verrez votre fils plus tôt que vous ne l'auriez vu ; et moi, à vrai dire, je n'en suis pas trop fâché. Avec ma pension et une petite place, je serai heureux ; et puis j'ai encore mon bras droit, et qui est bon.

« Mon bon père, je pense que tu feras comme moi, que tu ne te chagrineras pas de mon petit malheur : puisque Dieu l'a voulu, que sa volonté soit faite ! »

IV.

M. de Villeneuve, jeune lieutenant, que la possession d'une grande fortune n'avait pu empêcher de rechercher les fatigues et les dangers d'une campagne lointaine, avait été atteint, en marchant contre Malakoff, d'un coup de feu qui lui avait brisé la partie inférieure du visage. Malgré ses souffrances, il se présenta à l'assaut et voulut monter à la tête de ses soldats, le menton maintenu par un bandeau. Une balle lui traverse les chairs du bras ; il refuse de se retirer. Atteint ensuite au ventre d'un coup de bayonnette, il s'obstinait encore à ne pas quitter le champ de bataille, lorsqu'il tomba mort d'une balle reçue en pleine poitrine.

V.

Au nombre des morts héroïques que les journaux ont enregistrées, il faut rappeler celle d'un autre Villeneuve, le marquis de Villeneuve-Trans. Ce jeune homme, engagé volontaire, était sous-officier des zouaves. Le *Moniteur* en annonçant que M. de Villeneuve avait succombé, lui rendit un juste hommage, et constata que son premier soin avait été de dire : « Écrivez à ma mère que je suis en état de grâce. »

M. l'abbé Gstalter, chanoine d'Alger, aumônier supérieur du 3e corps de l'armée d'Orient, a adressé plus tard à Mme de Villeneuve, qui lui avait demandé comment était mort son fils, une lettre dont voici quelques passages :

« Un matin, le jeune marquis de Villeneuve-Trans, après une nuit fort meurtrière aux tranchées, fut apporté blessé à l'ambulance de la 2e division du 2e corps, dont je faisais alors le service. Il venait de recevoir un éclat de mitraille, un gros biscaïen en pleine figure. J'arrivai près de son lit, au moment où il était entouré de chirurgiens, tout ruisselant de sang, mais ferme et calme, et ne trahissant par aucune plainte les souffrances atroces qu'il endurait sous le couteau et l'aiguille de soudure des hommes de l'art. En me voyant approcher il me tendit la main, me faisant des signes d'amitié et s'efforçant de prononcer quelques paroles qu'il ne lui était pas donné d'articuler distinctement. Tout le devant de la bouche et la maxillaire droite étaient horriblement fracassés. Dès qu'il se trouva seul, je m'empressai autour de lui pour lui offrir les consolations

de toutes sortes que sa position pouvait exiger.
Mon ministère fut bien facile : cet enfant religieux s'était confessé la veille ; sa conscience
était pure, ainsi que sa belle âme. Comme les
docteurs ne voyaient dans son état aucun danger, ni prochain ni éloigné, les blessures de la
face étant de celles qui se guérissent le plus
facilement à son âge, je lui procurai sur sa
demande, de quoi écrire. Voyant l'ardeur avec
laquelle il prolongeait sa correspondance, je
crus devoir lui représenter son état de faiblesse,
lui recommander un instant de repos après la
rude secousse, après la copieuse perte de sang
qu'il venait d'éprouver. Il me répondit avec
une mélancolique tendresse : «Monsieur l'abbé,
l'on ne se fatigue jamais d'écrire à sa mère. »
Il était alors cinq heures du soir. On lui apporta
un bouillon qu'il prit, non sans efforts, avec un
peu de vin. Je le laissai à l'entrée de la nuit,
heureux et content, presque gai, en lui sou-
haitant un bon sommeil. Hélas ! je ne devais
plus le revoir vivant. Vers minuit, en se retour-
nant sur sa couche, il expira sans s'y attendre,
doucement, sans effort, sans agonie, sous les
yeux d'un bon infirmier qui avait ordre de ne
pas le quitter un instant. L'accident était trop
extraordinaire pour ne pas attirer l'attention
des hommes de science. M. Félix, médecin en
chef de l'ambulance, qui avait voulu soigner
lui-même le pauvre patient, fit l'autopsie de

son corps ; et, chose incroyable ! l'on trouva,
reposant sur le diaphragme, — pardonnez,
Madame, les noms barbares dont je suis obligé
de me servir pour me faire comprendre, —
l'on trouva une masse de fer qui avait passé
le larynx sans se faire soupçonner, avait traversé les conduits du poumon et causé à travers mille désordres un épanchement intérieur
très-considérable. Cet énorme projectile, que
j'ai lontemps douloureusement pesé dans ma
main, fut recueilli par je ne sais plus quelle
personne, par M. de Dampierre, je crois, pour
être envoyé en France.

« Le lendemain, je présidai aux modestes
funérailles du défunt. Grâce à ses bons amis, il
eut le privilége d'un cercueil, fabriqué avec des
caisses à biscuit. Le matin même, sous la tente,
en face de la colline verte, où il dort à côté de
beaucoup de ses compagnons de gloire, j'offris,
non sans émotion, le saint sacrifice de la messe
pour ce jeune homme que je n'avais connu
qu'un jour, mais que j'avais apprécié, que j'a-
vais aimé de prime-abord. Il repose dans une
terre lointaine, mais consacrée ; mais aujour-
d'hui française et conquise aussi par son sang ;
il repose dans une tombe séparée qui vous le
rendra, Madame, quand le moment sera venu,
afin que ses ossements triomphants puissent
aller rejoindre, dans le caveau de la famille,
les cendres de tant de vaillants hommes, de

tant de nobles dames qui ont illustré sa race, et dont l'honneur antique va tressaillir au contact de cette nouvelle gloire.

« Pour conclure, Madame la marquise, vous me demandez en femme forte, en mère chrétienne, *si j'ai la confiance que l'âme de votre fils est au ciel.* En douter un instant, Madame, serait une pensée impie; car ce serait douter de la justice de Dieu dans la rémunération future. Eh! pour qui donc le séjour des bienheureux, si ce n'est pour ces âmes aimables, excellentes, pleines de toutes les qualités évangéliques et qui poussent la vigueur de la vertu, la soif du dévouement jusqu'à l'oubli, jusqu'au sacrifice d'elles-mêmes! »

VI.

Voici un touchant exemple de résignation : Nous le trouvons dans une lettre adressée à S. E. le Cardinal archevêque de Bordeaux et publiée par la *Guyenne* :

Monseigneur,

Un humble et obscur soldat ose venir remercier Votre Éminence de la haute bienveillance dont elle daigna l'honorer autrefois.

Le 20 octobre dernier, devant Sébastopol, une bombe ennemie vint soudainement m'ôter l'usage de l'*ouïe* et de la *parole !*...

Les tympans furent brisés. Voici, Monseigneur, dans quelles circonstances : le bataillon
veillait en arrière de la grande batterie pour la
défendre en cas d'attaque. L'on était placé
par deux et par trois, dans des trous d'embuscade creusés à cet effet. Vers les neuf heures du
matin, un de ces énormes projectiles arrive
juste au bord du trou qui m'abritait et roule
dedans, le terrain étant un peu en pente. La
mèche flomboyait encore. Je m'en approche
pour essayer de l'arracher ou de l'éteindre,
mais impossible. Je me couche alors auprès,
la tête appuyée contre terre à trois ou quatre
pouces de la bombe environ. L'explosion se fit
aussitôt : elle fut terrible. Je devais être tué.
Le grenadier placé à mes côtés, resta broyé,
rôti, mis en morceaux, ne conservant plus
forme humaine. Quand je repris connaissance,
je cherchai assez longtemps ma tête avec les
mains, croyant ne plus en avoir ; j'étais tout san-
glant, les oreilles me saignaient abondam-
ment.

Je ne me plains pas. Que suis-je en com-
paraison de tant de nobles victimes qui sont déjà
tombées en l'honneur de la France avant
l'heure du triomphe définitif, qui ne tardera
pas, s'il plait à Dieu ?

Mon regret amer, Monseigneur, est de ne

pouvoir rejoindre mon drapeau et d'être séparé
à jamais de mes intrépides compagnons.

V. TOURVEILLE,

Sergent au 39ᵉ de ligne.

« Quels nobles sentiments, disait en publiant
cette lettre le rédacteur en chef de la *Guyenne*,
M. Justin Dupuy, que ceux de ce soldat qui dé-
plore ses infirmités non à cause de lui, mais
parce qu'elles le privent de se battre à côté de
ses frères d'armes et de partager leurs périls
et leur gloire ! »

VII.

Je m'étais promis en commençant ce chapitre de lui donner un caractère moins grave
qu'à la plupart de ceux qui précèdent. Je
manque à mon programme. C'est que la
guerre dispose médiocrement au rire. Cependant, ainsi que je l'ai fait remarquer dans
un des premiers chapitres de ce livre, on a
trouvé le moyen de représenter la campagne
de Crimée comme une chose divertissante, et
des anecdotes plaisantes, des bons mots ont été
produits en quantité pour appuyer cette décou-
verte. Voilà de quoi égayer notre récit. Malheureusement quand on examine les choses de
près on reconnaît que l'imagination a joué un
grand rôle dans ces agréables versions ; telle

parole, en même temps goguenarde et héroïque, tel quolibet plus ou moins heureux qu'on
nous donne à titre de *faits*, sont parfois des
emprunts, sans doute involontaires, à des
publications légères et même à de vieux al-
manachs. Que des journaux à images aient en-
trepris de prêter à nos soldats des calembourgs,
des réparties, des lazzis, nous n'y voyons pas
grand mal. C'est leur métier et ils peuvent
s'excuser en rappelant le proverbe : on ne prête
qu'aux riches. Mais quand on réunit, comme
nous le faisons, des documents que l'histoire
devra consulter, il y faut mettre plus de réserve.
Nous disons cela afin qu'on ne nous reproche
pas une évidente lacune, quand nous usons
seulement d'une réserve légitime.

Nous ne prétendons pas que jamais on ne
riait, que jamais on ne jouait dans les tranchées; nous disons seulement qu'on a fait à ce
sujet des contes ridicules. En somme, on
était là pour se battre et pour mourir, position
qui laisse peu de loisir et ne dispose guère à
folâtrer. On montre plus de bravoure, d'ailleurs en songeant à la mort, en la regardant
d'un œil réfléchi qu'en s'efforçant de l'oublier.
Afin de prouver que nous ne sommes pas
exclusifs, reproduisons quelques détails du
genre gai donnés par un écrivain qui s'est surtout attaché, pendant son séjour au camp, à
voir et à peindre le côté pittoresque des choses;

mais qui, ayant fait ses études en bon lieu, a su éviter l'excès que nous signalons.

Entrons dans les tranchées : « Les nouveaux venus examinent, interrogent, hasardent avec rapidité un regard, et ne sont pas encore faits à ce bruit perpétuel du canon qui gronde, de la bombe qui passe en tourbillonnant. Quand une balle venant des embuscades ennemies rase les parapets, la recrue *salue* involontairement, c'est-à-dire incline la tête sous le sifflement de cette balle.

« — Ah çà, mes agneaux, dit un vieux sergent en frappant sur l'épaule de l'un des nouveaux venus, je vous permets encore de *saluer* aujourd'hui toute la journée, c'est votre droit ; mais ensuite, défaisons-nous de ces marques de respect, c'est pas français. »

« La recrue ne dit rien ; elle n'est pas encore en humeur de plaisanter ; à la troisième garde tous seront déjà de vieux soldats qui railleront les nouveaux. — Chacun son tour.

« Combien j'en ai vu de figures imberbes, déchirant la cartouche comme des vétérans.

« L'autre jour, pendant que les tireurs faisaient le coup de fusil aux embrasures, des soldats jouaient au bouchon dans la tranchée.

Le général de service passe ; chacun veut reprendre son poste.

« — Ne vous dérangez pas, dit le général ;

continuez, mes enfants ; il faut bien se distraire un peu. Voyons, qui gagnera ? »

Et se baissant, il pose une pièce d'or sur le bouchon.

Vous jugez si la partie devint intéressante (1).

Un soldat avait été vivement réprimandé par son commandant. Une sortie des Russes eut lieu la nuit suivante. Après le combat le soldat s'approcha de son chef et lui dit : « J'espère, mon commandant, que vous me pardonnerez, j'ai deux balles dans le corps. »

Cette anecdote s'éloigne déjà un peu du genre gai ; celle qui suit ne nous y ramènera guère, néanmoins on nous saura gré de l'avoir citée :

Le colonel de service dans une tranchée devant laquelle on s'était battu la veille accéda, par suite d'un malentendu, à une suspension d'armes afin qu'on put enlever et enterrer les morts.

« Grande fut la colère du général en chef, grande l'irritation du général Pélissier (il commandait alors le premier corps d'armée). Le colonel devait être sévèrement puni. Mais parmi les morts on recueillit un blessé. Toute la colère du général Pélissier est tombée à cette nouvelle, et il écrivit au général en chef :

---

(1) Baron de Bazancourt. *Cinq mois au camp devant Sébastopol.*

« Je n'ai pas le courage de punir une faute qui a sauvé la vie d'un homme (1). »

Non, il ne faut pas chercher le caractère particulier de notre armée d'Orient dans des récits qui semblent sortir du vieux moule où l'on a si longtemps formé le *troupier*. Elle se montre digne de ses devancières par la bravoure, l'élan, l'enthousiasme ; mais elle a suivi la véritable loi du progrès ; l'ensemble de ses actes et, si l'on peut s'exprimer ainsi, sa vie privée, révèlent en elle des tendances élevées, des sentiments chrétiens qui lui assurent dans notre histoire une place particulière et privilégiée.

Concluons, sur ce point, en citant une lettre écrite par le général Bosquet à un de ses amis, créole de l'île Maurice, lettre qui a paru primitivement dans le journal de l'*Ile-de-la-Réunion*, que l'*Univers* a reproduite, et qui, de là, a passé dans mille autres feuilles :

« Mon cher.....

« Je viens vous serrer la main sans mettre pied à terre, car mon sort est celui des damnés qui vont toujours sans s'arrêter jamais aux bonnes haltes de la vie, emportant avec moi des souvenirs et des regrets, — celui de votre

---

(1) Baron de Bazancourt. *Cinq mois au camp devant Sébastopol,*

cœur d'or, mon vieil ami, et votre pieuse pensée d'associer mon nom au vôtre dans les
prières de votre sainte mère, me revient souvent pour me reconcilier avec les mensonges
de cette vie ; et par la pensée, je vous ai écrit
bien des fois, vous remerciant de bien faire
agréer à Madame votre mère les sentiments
d'un cœur de soldat bien respectueux, plein de
reconnaissance et tout confiant dans ses
prières.

« J'allais oublier votre petit présent, qui a
été le bien accueilli et très-bien prisé.

« L'heure approche où il sera décidé que la
guerre va s'arrêter ou se déchaîner sur l'Europe. Ici, sur ce petit coin de terre, l'heure suprême est bien proche aussi ; — que la volonté
de Dieu soit faite ; pour moi, après avoir baisé
la croix de mon épée, j'attends avec confiance
et je suis prêt.

« Je vous embrasse, mon cher ***, de loin,
mais de bon cœur.

Général Bosquet.

« 17 avril, de Crimée. »

CHAPITRE XIV.

A L'HOPITAL.

———

Les Sœurs de Charité avaient quitté leurs diverses écoles du Levant pour se porter au secours de nos soldats. On les voyait partout et toujours prêtes, toujours actives, tranquilles et gaies. Néanmoins, leur nombre ne pouvait suffire à la grandeur de la tâche. Il fallait aussi recruter cette armée de la charité. Le gouvernement, instruit et pressé par les chefs de l'armée d'Orient, demanda des renforts au supérieur de la congrégation, et le *Moniteur* publia la note suivante le 23 août 1854 :

« Le maréchal ministre de la guerre a fait appel au dévouement des Sœurs de Saint-Vincent-de-Paul pour aller soigner nos soldats dans les hôpitaux de l'armée d'Orient.

« Cet appel a été entendu : vingt-cinq de ces saintes filles vont s'embarquer à Marseille par le prochain courrier; vingt-cinq autres suivront de près, et la digne supérieure a fait espérer qu'elle pourrait en porter le nombre jusqu'à cent. »

Cette promesse a été remplie et au delà. A mesure que les besoins se sont accrus les Sœurs ont trouvé dans leur dévouement de nouvelles ressources. Elles ont, sans aucun doute, été sensibles à l'expression de la reconnaissance du gouvernement, expression renouvelée plusieurs fois; mais c'est dans la conduite de nos soldats qu'elles ont trouvé la seule récompense qu'elles désirent ici-bas. Les Sœurs hospitalières travaillent pour la gloire de Dieu et de son Église. Ce courage que tout le monde admire, elles le puisent dans leur foi, dans l'ardent désir de ramener au respect et à la pratique de la religion les blessés et les malades confiés à leurs soins. Cette mission spirituelle a été couronnée, et l'est chaque jour encore, des plus heureux succès. Nous l'avons déjà prouvé, prouvons-le encore.

La lettre suivante a été adressée par une des filles de Saint-Vincent-de-Paul à son oncle, curé de G., département de Maine-et-Loire, qui l'a communiquée au journal l'*Union-de-l'Ouest* :

« Constantinople, 4 octobre 1855. »

« Mon bien respectable oncle,

« Je vous avais promis de vous écrire sous bien peu de temps, mais il m'a été impossible de vous envoyer plus tôt de mes nouvelles; mes occupations sont trop multipliées, surtout aujourd'hui que je suis, non plus à l'hôpital militaire, mais au *camp des Manœuvres*, où nous avons 14 baraques de 80 lits chaque, sans compter les tentes et autres pavillons.

« Ici, cher oncle, surtout du côté de la mer Noire, les pluies et les vents ne sont pas chauds. Malgré mes gros vêtements d'hiver, j'y enrhume bien facilement. Nous avons un bien grand nombre de blessés à soigner; tous sont glorieux d'avoir pris Sébastopol; ils ne comptent pour rien leurs plus graves blessures, tant ils sont heureux de leur victoire! Nous avons aussi bon nombre de Russes. Oh! je vous assure qu'ils paraissent bien heureux de trouver ici des *Sœurs polonaises* qui parlent un peu leur langue. Quand ils les entendent arriver près d'eux, ils ne savent comment témoigner leur reconnaissance; ils baisent leurs mains, leurs habits, et essaient de pousser des cris de joie... Ah! si nos pauvres prisonniers français avaient chez les Russes pareille consolation! Parmi ceux qui y sont allés, quelques-uns seulement m'ont dit y avoir été assez bien, les autres disent le contraire. Un officier, qui y est resté 5 ou 6 jours, m'a assuré y avoir été très-mal; il était obligé d'aller lui-même chercher çà et là, en ville, du linge pour ses plaies, et de le payer fort cher.

« Il faut aussi, cher oncle, que je vous raconte quelques petits traits de nos bons soldats qui nous arrivent de Crimée. Je ne puis vous en citer que quelques-uns, mais croyez bien que pareils sentiments de foi sont ici comme à l'*ordre du jour.*

« Tous les militaires aiment la *très-sainte Vierge.* Simples soldats et officiers, ils disent tous que c'est à Marie qu'il faut attribuer une si belle victoire ! On a une confiance *inimaginable* dans la *médaille* de la très-sainte Vierge. Aussi voilà ce qu'ils nous demandent toujours : « *Sœur, Sœur,* me disait un d'eux, *j'ai perdu ma chère médaille!!! Oh! donnez-m'en une, dites? — Donnez-moi, je vous en supplie,* me disait un autre, *donnez-moi une médaille pour mettre à la chaîne de ma montre, ça me portera bonheur.* »

« Il y a quelques jours, je demandais à un blessé comment il avait pu éviter tous les périls qu'il nous disait avoir éprouvés : « *Oh! ma*
« *Sœur,* me dit-il avec un air de joie et de re-
« connaissance, *c'est que j'ai la médaille de la*
« *Bonne Vierge que ma pauvre mère m'a fait*
« *tenir avec une lettre. Je me recommande*
« DIANTREMENT *à elle ; et toujours, en dormant,*
« *je me figurais voir une grande dame qui*
« *écartait de moi tous les projectiles que les*
« *Russes nous lançaient.* »

« Il y a à l'hôpital un officier supérieur et un

capitaine de chasseurs qui tenaient cette conversation que nous entendions facilement :

« Savez-vous bien, disait le premier, que
« j'aurais pu *fort bien* rester au coup ! ma
« blessure est grave ! Mais c'est égal, je crois
« que c'est à *ma médaille* que je dois ma vie.
« Elle m'a sauvé. Aussi, quand je change de
« linge, si j'oublie de la reprendre, je tremble,
« j'ai peur tant que je ne l'ai pas. Sans elle, je
« n'y suis plus ! » Et l'autre officier applau-
dissait franchement...

« Oh ! mon cher oncle, que de foi chez nos
braves ! Tenez, je soignais un malheureux qui
avait l'épaule traversée par une balle ; il souffrait horriblement, sa blessure était bien grave,
j'essayais de le consoler. « *Oh ! ma Sœur*, me
dit-il, en prenant la croix de mon chapelet,
*celui qui a été autrefois attaché à une croix
souffrait davantage, et lui était innocent !* »

« Un officier, couvert de la sueur de la
mort, se reprochait devant moi de s'être plaint
du froid, il en demandait pardon au bon
Dieu ! »

« Je finis, j'aurais trop à vous dire de ces
traits qui excitent l'âme à bien servir son Dieu !
Daignez, en retour de cette lettre, m'envoyer
bonne cargaison de médailles. Je n'en ai plus
à donner, et hier et avant-hier j'en ai bien
promis. C'est que j'espérais que d'ici à un mois
vous nous feriez sentir votre générosité. Adieu,

bon oncle, priez pour votre nièce qui veut bien faire tous les sacrifices pour pouvoir être un jour auprès de vous au Ciel. »

***

Rapportons quelques autres traits :

A l'ambulance de Gul-Hané ou du Sérail, une des Sœurs ayant remarqué les larmes et les soupirs étouffés qui échappaient à l'un de ses malades, s'approcha de lui pour le consoler. Il tenait à la main un livre de méditations sur la Passion de Notre-Seigneur. Jamais peut-être la grâce ne l'avait trouvé mieux préparé, ou jamais encore il n'était entré aussi avant dans l'intelligence des douleurs endurées par l'Homme-Dieu, en sorte qu'il demeurait tout préoccupé et bouleversé par cette idée fixe. — Eh bien ! pourquoi pleurez-vous, mon ami ? — *Ah ! les scélérats, ils lui ont f... des soufflets ; c'est trop fort, cela, ma Sœur.* — Sans le savoir, notre brave soldat reproduisait l'acte plein de foi du brave Crillon et des Francs, compagnons d'armes de Clovis.

*
* *

Un jeune soldat alsacien, ne pouvant s'expliquer en français, voulut se confesser par interprète. Lorsqu'il appela l'aumônier, il s'était déjà entendu avec un camarade à cet effet. Pareil exemple s'est renouvelé plusieurs fois dans les divers hôpitaux, écrivait le saint prêtre de qui nous tenons ce renseignement.

12

*
* *

« Un zouave n'avait plus que peu de jours à
vivre quand une religieuse lui parla de régler
les affaires de sa conscience. Comme tant
d'autres, il voulut remettre ce compte à plus
tard, en ajoutant : Et que diraient mes camarades s'ils voyaient que je me confesse ? Comment, lui dit la Sœur, les zouaves qui sont si
braves, qui exposent leur vie sans crainte,
n'oseraient pas servir Dieu ? — Vous avez raison, ma Sœur, répondit-il, il faut être chrétien pour tout de bon. Dès ce moment, il se
prépara à remplir ses devoirs, et ne s'occupa
plus que de son éternité.

*
* *

Le Vendredi-Saint, une distribution de
viande avait été faite aux malades de l'hôpital
Saint-Joseph. Aucun d'eux n'y toucha. Les
convalescents ne voulurent manger à tous
leurs repas que du pain ; les autres se procurèrent, à leurs frais, quelques fruits secs.

De semblables exemples de respect et de
mortification furent généralement donnés dans
les autres hôpitaux et au camp.

*
* *

On apporte huit soldats mourants à l'hôpital ; l'un d'eux refuse de se confesser. La
Sœur glisse une médaille de la sainte Vierge

sous le traversin du pauvre malade. Quelques heures après, il appelle la Sœur et lui dit : Meurt-on ici comme des chiens ? je suis chrétien, et je veux me confesser. — Hier je vous l'ai proposé, vous m'avez dit non, répond la Sœur, et même vous avez renvoyé le prêtre. — C'est vrai, j'en suis fâché, qu'il vienne maintenant... Il se confessa et envisagea la mort sans effroi. Je ne regrette plus la vie, disait-il, car j'en espère une meilleure. Il mourut bientôt.

*
* *

En secourant un pauvre cholérique qui rejetait toujours ses couvertures, une Sœur le menaçait tout doucement de se fâcher s'il n'était pas plus sage. — Pourquoi se fâcher, répondit le malade d'une voix tranquille et pénétrée, moi je ne me fâche jamais, et ça va bien tout de même. Quand le service est pénible, au lieu de jurer je prie Dieu. Ça ne vaut-il pas mieux ? Depuis six mois que je suis au service, je n'ai jamais manqué mes prières. Souvent aussi dans la journée je prie le bon Dieu, et je suis content. Aussi quand M. le curé est venu pour me confesser, j'ai dit : Je veux bien, mais je n'avais presque pas de péchés... Il succomba bientôt, tout content d'aller voir le bon Dieu !

*
* *

Un soldat avait été prié de se rendre le matin

à la chapelle pour servir la messe. Dans son zèle il se leva une heure trop tôt. C'était un convalescent, il eut froid et retomba gravement malade. Les médecins le condamnèrent, la Sœur était désespérée. — Ne vous tourmentez pas ma Sœur, disait le soldat, c'est ma faute, et non la vôtre, puisque je suis sorti avant l'heure. S'il faut mourir, que la volonté de Dieu soit faite; mais soyez tranquille je ne mourrai pas cette fois. Seulement donnez-moi un scapulaire, car j'ai perdu celui que j'avais.

Pendant trois jours il fût au plus mal, mais enfin le danger disparut, et il pût bientôt rentrer en France.

*
* *

Un sergent-major qui, par son instruction et son esprit, exerçait un certain ascendant sur ses camarades, rentre dans la salle de l'hôpital à onze heures du soir. Deux de ses compagnons lui demandent d'où il venait si tard. — Je viens de me confesser, leur dit-il, et je vous conseille d'en faire autant. — Quelques paroles à demi-railleuses sont prononcées. — Ce que je viens de faire j'aurais dû le faire plus tôt, reprend le converti, jamais je n'ai été si heureux; demain je dois communier. — Chacun se tût; mais un combat fécond en fruits de salut avait lieu au fond des cœurs.

*
* *

Il faut savoir se borner, même sur les points où tout le monde accepterait qu'on s'étendît très - longuement. Nous ne voulons pas oublier cette règle ; cependant, on nous permettra d'enregistrer encore quelques faits.

Le commandant Coué, l'un des héros de la bataille de l'Alma, où il perdit le bras droit, est mort à Constantinople après de longues souffrances, et au moment où il venait d'apprendre sa nomination au grade de lieutenant-colonel. Le R. P. Gloriot va nous raconter ses derniers moments. La lettre que nous citons est datée de Constantinople, le 27 janvier 1855, et a été adressée à l'un des parents de M. Coué.

« Mercredi dernier, 24 du courant, à neuf heures du soir, le domestique du commandant arrive en toute hâte dans ma chambre et me dit d'une voix émue : « Monsieur l'aumônier, venez voir le commandant, il est bien mal, il vous réclame. » Il était tard, le temps affreux, la distance considérable. Le commandant Coué, sur son lit de douleur, calculait toutes ces difficultés et disait à la Sœur qui veillait près de lui : « Je suis désolé de déranger M. l'aumônier à cette heure, mais je crains de ne pas passer la nuit, et je ne voudrais pas mourir avant que de me reconcilier avec Dieu. »

« Lorsque j'entrai dans la chambre du malade, je fus frappé de la décomposition de ses traits. Je conclus dès-lors qu'il n'y avait plus d'espoir de le rappeler à la vie. — Il tenait dans la main gauche, la seule qui lui restât depuis l'amputation qu'il avait subie, un crucifix que la Sœur lui avait donné.

« J'en pris occasion pour l'engager à supporter patiemment ses peines, à l'exemple de Jésus-Christ crucifié. « Oh ! Monsieur l'aumônier, me dit-il, ce crucifix est mon unique consolation !..... » Pendant les jours qui suivirent, il avait constamment ce crucifix dans sa main et sur sa poitrine.

« Le général Larchey, l'intendant-général ; M. Benedetti, chargé d'affaires de France ; M. Lévi, médecin en chef de l'armée, vinrent le visiter successivement ; tous remarquèrent ce crucifix auquel le commandant semblait tenir tant, et tous furent singulièrement édifiés.

« Je n'eus pas de peine à décider notre cher malade à se confesser. — Cette confession fut longue, bien que je fisse tous mes efforts pour l'abréger, à cause de l'état de faiblesse où il se trouvait ; mais il voulait, disait-il, n'avoir rien à se reprocher dans un acte aussi important. Lorsque j'entrai dans sa chambre pour lui administrer le saint viatique, il se découvrit la tête et commença à réciter à voix basse quelques prières..... Il reçut le Saint des Saints et l'Extrême-Onction avec des sentiments de foi et de piété qui édifièrent singulièrement toutes les personnes qui assistaient à cette cérémonie.

« Au moment où je le quittai pour retourner à l'hôpital, je lui dis : « Vous voilà bien content, mon commandant. — Ah ! Monsieur l'abbé, me répondit-il d'une voix émue, oui, je suis content; je n'ai jamais été si heureux de ma vie..... Je mourrais sans aucun regret si je ne laissais après moi une femme et deux enfants en bas âge... » Puis, me serrant vivement la main, il ajouta : « Je vous remercie bien d'être venu ; si je ne vous avais pas vu ce soir, je crois que je serais mort cette nuit par la crainte que j'avais de mourir avant d'avoir reçu les sacrements de l'Église. » Pendant tout le reste de la nuit, il exprima les mêmes sentiments de foi et de piété à la Sœur qui le veillait et pria presque continuellement.

« La veille de sa mort, une Sœur, après avoir prié quelques instants auprès de son lit, lui disait : « Priez bien la sainte Vierge et sainte Anne, la patronne des Bretons, afin qu'elles vous obtiennent la grâce de votre guérison. — Oui, répondit-il, sainte Anne, c'est la mère de la Mère des pauvres affligés..... Je la prie d'intercéder pour moi, afin que je sois rendu à ma femme et à mes chers enfants. »

« Un jeune chef de bataillon, M. de Cornulier, de Nantes, qui se trouvait dans le même hôpital, lui avait envoyé de l'eau de la Salette; il en but avec confiance en se résignant à la volonté de Dieu.

« Samedi, vers trois heures de l'après-midi, le général Larchey entrait dans sa chambre pour lui annoncer qu'il venait d'être nommé lieutenant-colonel. Cette nomination qu'il avait attendue avec tant d'impatience, parut lui faire le plus vif plaisir. « C'est bien tard pour moi, répondit-il ; mais je suis reconnaissant au Gouvernement d'avoir pensé à moi, et surtout à ma veuve et à mes enfants. »

« Enfin dimanche, vers midi, je fus savoir de ses nouvelles; il me reconnut parfaitement. Je lui fis compliment sur sa promotion et lui adressai quelques paroles d'encouragement et me retirai. Il n'y avait pas cinq minutes que je l'avais quitté lorsque son domestique accourut en toute hâte nous annoncer qu'il se mourait... J'eus le temps de lui donner une dernière absolution, et pendant que je récitais les prières des agonisants, il rendit le dernier soupir...

« Aujourd'hui ont eu lieu les obsèques du commandant Coué. Le général Larchey a prononcé sur sa tombe l'éloge de ses vertus militaires. Hier, dans une assemblée nombreuse, composée de soldats et d'officiers de tous grades, j'ai parlé des sentiments religieux qu'il avait manifestés dans sa dernière maladie; mes paroles ont été accueillies avec la plus vive émotion et j'ai vu bien des larmes couler autour de moi.

« Le commandant Coué était universellement estimé. Tout le monde faisait l'éloge de son étonnante énergie de caractère et de ses vertus guerrières. Ses derniers moments ont été marqués par des grâces si extraordinaires que je ne puis douter un instant de son salut.

« Ah! quelle est belle et douce la mission que nous avons à remplir auprès de notre admirable armée d'Orient. Si les fatigues sont parfois excessives, comment ne disparaîtraient-elles pas en présence des consolations que nous éprouvons auprès de nos braves mourants? »

Le lecteur a pu remarquer dans la lettre du R. P. Gloriot le nom de Cornulier. Cet officier, qui envoyait de l'eau de la Salette à son compagnon d'armes, et proclamait ainsi sa profonde dévotion à la sainte Vierge, devait succomber lui-même quelques mois plus tard. Donnons la parole à un de ses amis, M. Humbert de Lambilly; il nous dira comment se battent les soldats qui se confessent.

« M. Alfred de Cornulier-Lucinière a été tué entre midi et demi et une heure de l'après-midi. L'assaut donné à Malakoff, à midi précis, avait réussi ; ce n'avait pas été l'affaire de son bataillon, qui n'avait pas encore donné. Mais, vers les midi et demi, la division Dulac, qui avait assailli le petit Redan, à droite de Malakoff, et avait d'abord réussi, se trouve tout-à-coup repoussée par des forces considérables et abandonne le petit Redan. C'est en ce moment critique que l'ordre fut donné au bataillon de chasseurs à pied de la garde impériale, placé en *réserve*, de rétablir la face des choses. Il a à traverser cinq et même six parallèles, ou plutôt lignes de tranchées françaises, avant d'arriver sur la batterie russe dite *Batterie-Noire*, située entre Malakoff et le petit Redan. Il franchit immédiatement au pas de course, et sous un feu des plus vifs de mitraille et de balle, toutes ces tranchées pleines de nos soldats ; il laisse dans ce trajet quelques-uns des siens. M. Gaullier de La Grandière, l'adjudant-major du bataillon, des environs de Nantes, a le bras cassé d'une balle et continue toujours pour aller se faire tuer plus loin, deux ou trois secondes avant M. de Cornulier.

« Quant au commandant, toujours le premier et ne souffrant pas que quelqu'un le devance, il arrive enfin sur le parapet des Russes, à l'endroit dit *Batterie-Noire*. Il était suivi par ses sapeurs et par les officiers de son état-major; il arrive le premier sur le parapet. A peine y est-il que, levant son sabre en l'air, il se tour-

ue vers ses chasseurs et leur crie : *En avant !*
Il n'a que le temps de prononcer *En a....*, et
le reste du mot expire sur ses lèvres ; il venait
de recevoir une balle dans le côté gauche, à
la ceinture, à deux pouces à peu près au-dessus
et en avant de la hanche gauche. Il est immédiatement tombé du parapet, du côté de nos
lignes, dans le fossé ; la mort, d'après le dire
du docteur, a été instantanée et sans aucune
souffrance. Le bataillon de chasseurs de la
garde, sur mille combattants environ, a eu
450 hommes hors de combat. J'ai vu enterrer
quatre officiers; d'autres sont mourants à
l'ambulance.

« Ce pauvre monsieur de Cornulier avait sur
sa figure, après sa mort, un air de sérénité
ineffable ; il était aussi calme que s'il avait paru
dormir; son bras droit était encore tendu
comme lorsqu'il avait brandi son sabre, et
son bras gauche, encore à moitié plié, avait
la position qu'il occupait lorsqu'il montrait de
la main gauche les Russes à ses soldats.

« Il est mort au moment de jouir de son
triomphe; car son bataillon a été admirable,
et ses officiers qui ont été blessés à côté de lui
nous disaient : *Dans cette journée-là, il a été
géant.* Au reste, avant de se porter en avant
et pendant toute l'affaire, il avait un calme
et un sang-froid effrayant. Les officiers, les
hommes se le montraient dans la tranchée,

quelques minutes avant sa mort, voyant, sans
même daigner tourner la tête, les bombes et
les obus éclater à côté de lui. C'était un de ces
hommes rares dont le sang-froid et l'énergie
croissent avec le danger. Il n'était que depuis
dix-sept jours à ce bataillon de la garde, et
déjà il était aimé de tout le monde. J'ai entendu un soldat dire à un de ses camarades, en
parlant de lui : C'était un bien brave homme ;
il était le père du soldat, comme le maréchal
Bugeaud. Un colonel avait dit à Thorthon, il
y a quelques mois : « Cornulier est un homme
exceptionnel ; rappelez-vous ce que je vous
dis : S'il n'est pas tué ici, c'est un homme qui
marquera en France. » Moi, pour ma part, je
ne peux me faire à l'idée qu'il n'existe plus. »

Faisons de nouveaux emprunts à la lettre
que le R. P. Gloriot écrivit quelques jours avant
sa mort (mars 1855) :

« Il n'y a que quelques jours, un capitaine
du génie est mort entre mes bras. Lorsque je
l'abordai pour la première fois, il n'était pas
disposé à se confesser ; je continuais à le voir
et à entretenir avec lui les meilleurs rapports.
Nous en étions là, lorsque le second dimanche
de mars, deux de ses amis, officiers du même
corps, vinrent lui rendre visite. Pendant la
conversation, ils s'aperçurent que le malade
s'affaiblissait graduellement ; aussitôt ils
viennent me trouver et me font part de leurs

craintes : Je me rends auprès du malade, qui se décide enfin à me faire sa confession. Je venais de le quitter pour courir à d'autres malades, lorsqu'il m'envoya chercher par son infirmier. A dater de ce moment, il ne consentit à me voir éloigner que lorsqu'il sentait le besoin de prendre un peu de repos. Vers la fin de la soirée, il me fit appeler une dernière fois, voulut recommencer sa confession et prononça à haute voix son acte de contrition. Comme je l'engageais à baisser la voix : « Laissez-moi faire, me répondit-il, mes scandales ont été publics, il faut bien que ma réparation soit publique. » Il continua à exprimer les plus beaux sentiments et à arracher des larmes d'émotion à quinze ou vingt officiers qui se trouvaient dans la même salle que lui, jusqu'au moment où il expira doucement, les lèvres appliquées sur son crucifix.

« Un jeune officier du 3ᵉ zouaves avait reçu à la cuisse un éclat d'obus, qui ne tarda pas à compromettre ses jours ; il vit la mort s'approcher sans plus de frayeur qu'il n'en avait éprouvé sur le champ de bataille. « C'est à mon tour maintenant, me dit-il ; il faut me confesser, Monsieur l'aumônier ; mais si vous ne m'aidez pas, je ne m'en tirerai jamais. » Au moment où je lui donnais l'Extrême-Onction, tous les officiers de la salle se découvrirent ; quand il eut rendu le dernier soupir, un de

13

ses voisins m'appela et me dit : « C'est une belle chose que la religion... A quelle heure pourrai-je vous trouver chez vous ? je désirerais me confesser... »

Un sous-officier, engagé volontaire, qui appartenait à une excellente famille, eut une rechûte le jour même où il devait s'embarquer pour la France. Il comprit qu'il n'y avait plus d'espoir.

« Nuit et jour il était occupé à prier. Il demanda lui-même à recevoir les sacrements, et pendant la cérémonie il répondit à toutes les prières avec un accent qui attendrit les soldats qui en furent témoins. Il voulut, avant de mourir, recevoir le scapulaire. J'allais le voir de temps en temps, et toujours il m'exprimait le plaisir que lui causaient mes visites. « Si je m'écoutais, me disait-il, je voudrais vous faire venir à toutes les heures du jour et de la nuit; mais vous êtes si fatigué, et puis je sens que vous devez vos instants aux nombreux malades qui sont à l'hôpital... Mais je vous en prie, quand vous venez, apprenez-moi quelque oraison jaculatoire, afin que j'aie quelque bonne pensée pour m'occuper, car je ne puis plus lire mon livre de prières. » Un jour, il disait à la Sœur : « Il y a un acte que je n'ai point accompli et qui serait pour moi d'une très-grande consolation. Récitez-moi, je vous prie, une formule de consécration à la sainte Vierge ; j'en répéterai toutes les paroles au fond de mon cœur. » Il redoutait beaucoup les nuits, qui lui paraissaient fort longues et lui amenaient ordinairement une augmentation de douleur. La veille de sa mort, comme je l'exhortais à la patience, en lui disant que cette nuit serait peut-être moins pénible qu'il ne le pensait : « Dieu l'abrégera, me répondit-il d'une voix éteinte : » puis il me fit un signe pour me faire comprendre qu'il mourrait cette nuit-là ; ce qui arriva en effet. Il m'avait bien recommandé avant sa mort d'écrire à sa pauvre mère et de lui dire qu'il était mort dans les sentiments qu'elle avait toujours cherché à lui inculquer !... »

Nous extrayons les passages suivants d'un article nécrologique publié par l'*Union de l'Ouest* sur M. Élie de Jourdan, colonel du 2e chasseurs d'Afrique, mort de la dyssenterie à l'hôpital de Constantinople :

« Elevé par un père et une mère, chrétiens parfaits, il avait puisé dans leur enseignement, dans leur exemple, des principes religieux solides, qui n'ont jamais varié durant sa carrière militaire, ont été son guide pendant son existence, son espérance et sa consolation au jour du malheur. Sa foi et sa confiance en la puissance et la bonté de Dieu ne l'abandonnaient jamais, et c'est surtout à son heure suprème qu'elles se sont dévoilées d'une manière plus évidente et plus palpable.

« Après le malheur qui venait de l'atteindre si cruellement au cœur (la perte de sa femme), Élie de Jourdan avait hâte de rejoindre son régiment pour chasser, par des occupations multipliées, journalières, les souvenirs douloureux qui enveloppaient sa pensée. Il partit pour Oran avec les deux aînés de ses fils, et confia aux soins plus que maternels de sa belle-mère, les six autres enfants qu'elle avait élevés. Quelques mois plus tard, il lui renvoyait ses deux fils, car il était appelé sur le théâtre de la guerre d'Orient. A la tête de l'un des meilleurs régiments de France, commandé précédemment par le général Pélissier, le colonel de Jourdan, avec son mérite distingué, son énergie, son ardent désir de produire son courage, était destiné à rendre de grands services à sa patrie, et à gagner, sans aucun doute, les épaulettes de général sur le champ de bataille.

« Malheureusement pour les orphelins qu'il laisse derrière lui et pour sa famille éplorée, la Providence en avait décidé autrement. Mais pourquoi nous plaindre, quand il n'a pas laissé échapper un regret contre les décrets de Dieu qui l'appelait à lui ? A peine avait-il touché du pied le sol de Crimée, qu'il fut de nouveau attaqué de la dyssenterie, que déjà il avait ressentie en Afrique. Son état empirait de jour en

jour, et, malgré sa constante volonté de ne
pas quitter son régiment, force fut à lui de se
laisser arracher et conduire à Constantinople.
C'est dans l'hôpital de cette ville, sur son lit de
douleur, que le colonel de Jourdan a déroulé,
sous les yeux de ceux qui l'entouraient, toute
la beauté de son âme. Cette dernière page de
sa vie est bien la plus belle. S'il nous était possible de produire ici toutes les lettres que la
supérieure des Sœurs de Saint-Vincent-de-
Paul, chargée du soin des malades à l'hôpital
de Constantinople, écrivait à Mme de la Potherie et à M. Amédée de Jourdan, avec
quelles touchantes et élogieuses expressions
nous la verrions dépeindre la noblesse des sentiments de l'âme de son bon colonel, comme
elle aimait à l'appeler ; mais dans l'impuis-
sance où nous sommes de pouvoir égaler la
simplicité et la beauté de son langage, nous lui
laisserons un instant la parole pour raconter les
derniers moments de celui que nous pleurons.
« Oui, écrivait-elle en dernier lieu à Mme de la
Potherie en parlant de son gendre, c'était une
belle âme, un noble cœur, un fils dévoué à l'affection qu'il vous portait. Sa belle âme se trahis-
sait par son langage simple et modeste, et il était
facile de voir que la volonté de Dieu était en lui
toute sa force. Souvent il répétait : Que votre
volonté divine s'accomplisse, ô mon Dieu !
Aussi ce calme parfait ne l'a jamais quitté jus-

qu'à son dernier instant. Ça été le sommeil du juste qui s'est endormi dans les bras du Seigneur. C'est le 2 octobre, à midi, que le bon colonel a rendu sa belle âme à Dieu comme un véritable saint, et à ce titre, que de bien ne fera-t-il pas à sa nombreuse famille? »

La lettre suivante, datée de Traktir, le 18 novembre, « nous a été communiquée, disait l'*Univers*, dans son numéro du 3 décembre 1855, par un de nos amis de Constantinople. » Nous la donnons telle qu'elle se trouve dans ce journal :

« Chère Sœur,

« Je viens vous faire mes vifs remerciements au sujet des bons soins que vous avez donnés pendant sa maladie à notre digne chef, M. le colonel de ***.

« C'est une consolation pour nous, officiers et soldats du 2ᵉ de chasseurs d'Afrique, de penser que notre digne et bien regretté défunt a pu s'aider de vos prières pour passer avec plus de calme de la vie à la mort.

« Il est vrai que la mort ne pouvait surprendre le colonel de ***.

« Il savait mieux que personne, lui, le catholique fervent, que nous ne sommes ici-bas que pour apprendre à mourir.

« J'envie, chère Sœur, ceux qui meurent sous vos yeux, car Dieu prend soin des âmes que vous lui envoyez.

« Il est bien certain que l'âme de notre colonel, si noble et si pure, s'est détachée de la terre pour aller directement au ciel.

« Depuis la mort de sa femme, le colonel de *** souffrait beaucoup; son cœur saignait véritablement, et son âme parlait par sa douloureuse blessure.

« Priez, chère Sœur, pour l'âme de notre défunt.

« Daignez agréer et faire agréer à vos chères Sœurs en communauté l'hommage de mon profond respect. »

Que vous dirai-je de nos simples soldats, écrivait le P. Gloriot. « Pour eux, mourir, recevoir les derniers sacrements, est la chose du monde la plus simple; nous n'avons pas besoin de beaucoup de précaution : mes journées se passent à courir d'un hôpital à l'autre. Je reçois de la Sœur la liste des malades, je me rends auprès d'eux, je les confesse et leur donne l'Extrême-Onction ; malheureusement le temps ne nous permet guère de leur donner le saint Viatique, c'est pour nous comme pour eux une grande privation; plusieurs nous expriment hautement leurs regrets. »

Le R. P. Gloriot constatait ensuite, mais sans se plaindre, qu'il lui devenait bien diffi-

cile de suffire à sa tâche. « Il y a quinze jours,
disait-il, nous enterrions huit ou dix infirmiers par semaine. Sept à huit Sœurs ont été
obligées de changer d'air : les médecins solli-
citent leur retraite et déclarent que les tem-
péraments les plus robustes ne peuvent pas résister au travail des hôpitaux. Au milieu de
cet élément de maladies et de morts mes
forces se soutiennent, et jamais je ne me suis
mieux porté qu'aujourd'hui. » Les forces du
saint religieux devaient bientôt l'abandonner.
Il avait rempli sa tâche sur la terre, et Dieu
voulait lui donner sa récompense.

Reproduisons maintenant une lettre écrite
de Constantinople, par un homme dévoué à
l'Église.

« Les aumôniers sont toujours ravis de voir
nos soldats animés des plus beaux sentiments
dans les maladies graves et à l'approche de la
mort. Aucun, jusqu'ici, n'a refusé de recevoir
les sacrements. Tous portent la médaille de la
sainte Vierge et la conservent précieusement
comme le doux souvenir d'une mère, d'une
sœur, d'une fille pieuse, et comme un palla-
dium au milieu des hasards de la guerre. Une
des Sœurs de l'hôpital de Varna déclarait que
jamais elle n'aurait cru qu'une armée française
fût si morale et si retenue. « Il ne m'est pas
« arrivé une seule fois, disait-elle, de voir un
« militaire quelconque dire ou faire quelque

« chose qui nous causât de la peine, ou nous
« regarder seulement de manière à nous em-
« barrasser. Ils s'abstenaient en notre présence
« de ces mots grossiers, si familiers aux sol-
« dats, et s'il leur en échappait quelqu'un par
« mégarde, à l'instant même ils en deman-
« daient pardon. Ils nous entouraient non-seu-
« lement d'égards, de soins, de bienveillance,
« mais même de respect et de vénération.
« Les jeunes officiers des familles les plus dis-
« tinguées de France se faisaient un plaisir de
« nous rendre mille petits services ; ils nous
« suppliaient de les employer à quelque chose
« d'utile aux nombreux moribonds qui encom-
« braient nos hôpitaux. » Il était beau de voir
tant de noms dont la France s'honore s'abais-
ser ainsi, ou plutôt s'élever en s'abaissant, en
se faisant les infirmiers et les serviteurs des
malades.

« Jamais les Sœurs de Charité n'ont vu un
soldat résister longtemps aux instances qu'elles
lui adressaient pour l'amener à se confesser.
Toute objection disparaissait, lorsqu'elles disaient à ces braves enfants que leur mère serait bien heureuse d'apprendre cette nouvelle.
A ce mot magique de mère, le cœur du soldat
était infailliblement ému ; souvent, très-sou-
vent, les larmes coulaient, et aussitôt la résistance était vaincue.

« Chaque jour, lorsque le choléra faisait le

13.

plus de victimes à Varna, on voyait des officiers serrer l'abbé Ferrary dans leurs bras, le remercier de son inaltérable dévouement pour les malades, le conjurer de voler à leur secours si le fléau venait à les atteindre. Leur respect et leur amour pour cet apôtre des cholériques était sans bornes, et s'ils l'admiraient déjà tant sur ce champ de bataille du prêtre, que n'ont-ils pas dû faire et dire lorsqu'ils l'ont vu mourir victime lui-même de l'épidémie, ou plutôt de son zèle, qui lui donnait le courage de traverser sans cesse la mer Noire au milieu des mourants? Ils auront répété que son courage était bien plus grand que ses forces physiques, et que, lui aussi, il était mort au champ d'honneur.

« Ce que l'abbé Ferrary faisait à Varna et sur les bâtiments chargés de malades, le P. Gloriot l'avait fait à Gallipoli, et, lui aussi, il avait vu les mêmes sentiments religieux dans les rangs de notre armée. Ce prêtre dévoué continue son œuvre de charité(1). Constamment au chevet des malades dans le grand hôpital de Péra, il console nos soldats mourants et reçoit leur dernier soupir, qui s'exhale en in-

---

(1) Cette lettre, que nous reproduisons telle qu'elle a paru dans l'Église, la France et le schisme en Orient (chap. XX), a été écrite trois mois environ avant la mort du P. Gloriot.

voquant le Dieu des armées et en prononçant
le nom de leur mère. Chose digne de remar-
que, pas un soldat ne meurt sans penser à sa
mère, sans dire : « Oh! ma pauvre mère......
« comme elle pleurera en apprenant ma mort!
« comme elle pleurera!... »

« Le P. Gloriot prêche deux fois par semaine aux militaires convalescents : et ils ac-
courent en foule à ses prédications, qui font le
plus grand bien. Prédicateur aussi éloquent
que missionnaire zélé, sa parole a éclairé et
touché bien des cœurs. Avec quel attendrissement je voyais des soldats, des officiers français, venant entendre la parole de Dieu sur
cette terre de Turquie, toujours barbare!

« Une foule de traits attestent les nobles
sentiments de notre armée. Les prisonniers
russes ont été constamment traités avec les
plus grands égards. Ils s'étonnent de cette générosité. « Est-il vrai, disait l'un d'eux à l'au-
« mônier polonais, que nous soyons dans un
« hôpital français? Jamais tant de soins ne
« nous ont été donnés! » Mais il faut le constater à leur louange; rien ne les rend plus
heureux que les cordiales poignées de main de
nos soldats. Ce contact forcé avec nous leur
fait concevoir une haute idée de la France. Enfin, la vue journalière du prêtre qui visite les
salles, parle aux malades, les console et leur
donne les secours religieux, apprend à ces bra-

ves gens que leurs popes calomniaient les Français en les représentant comme des impies. »

L'abbé Ferrary, dont la lettre qui précède parle en si bons termes, écrivait de Varna, le 29 juillet 1854 :

« L'épidémie sévit avec une action terrible. Je dois chaque jour confesser et administrer plus de quarante de nos soldats. Ils meurent tous comme des saints. » Un autre témoin de ces grandes et douloureuses scènes exprimait ainsi son admiration :

« J'espère que la Providence prépare à la croix de Jésus-Christ et à notre drapeau un triomphe éclatant, et qu'une fois de plus on verra dans l'histoire la gloire de la France servir à la gloire de Dieu. Nos soldats ont porté la croix en Orient : elle y restera après eux, et ce sera, sans doute, un des plus beaux jours de la vie de la grande nation que celui où le monde verra ses étendards vainqueurs sur les murs de Sébastopol et la croix libre et respectée sur les rives du Bosphore.

« Notre armée a le sentiment de cette mission. Jamais le sens catholique, qui fait la force, la grandeur et l'influence de la France, n'a éclaté dans une réunion d'hommes en manifestations plus explicites. Les aumôniers y sont entourés de sympathies, de respects, d'affections vives et franches comme le caractère du soldat français. L'un d'eux me disait que pas une minute des heures données à entendre les confessions n'était restée inoccupée.

« Il n'est pas un malade, pas un blessé, qui n'ait accueilli, appelé les consolations du prêtre et les suprêmes consolations de la religion. Pas un seul n'a renvoyé au lendemain. On ne connaît qu'un refus de confession : celui d'une malheureuse cantinière emportée par le choléra.

« Ces intrépides combattants de l'Alma portent la médaille miraculeuse, et un grand nombre de ces cœurs héroïques battent sous le scapulaire. »

Nous l'avons déjà dit, et nous le répétons, il ne faut pas croire à la conversion complète et définitive de l'armée. Bien des âmes y sont encore accessibles aux suggestions du mal. Néanmoins, le bien domine et s'étend. Comme l'a fait remarquer le R. P. de Damas : nos soldats « ont tous ou presque tous » un sentiment de foi ; ils respectent Dieu et la religion ; en un mot « l'ensemble de l'armée est noblement chrétien. »

L'uniforme a d'ailleurs en France le privilège d'élever les caractères. Nos soldats n'ont pas seulement du courage ; ils ont aussi du cœur. Ils voient à l'œuvre les aumôniers, prêtres séculiers, Jésuites, Lazaristes, etc. Ils reçoivent les soins des Sœurs de Charité ; ils savent, ils sentent jusqu'au fond de l'âme que l'esprit re-

ligieux, l'amour de Dieu et de son Église, ins-
pirent et soutiennent ce dévouement sans
bornes que souvent la mort vient couronner.
De si nobles exemples, de si grands sacrifices
ne peuvent les laisser indifférents ni les trouver
ingrats. Ils se disent qu'il y aurait lâcheté de
leur part à s'associer plus longtemps aux sots
blasphêmes et aux plaisanteries stupides ou
odieuses des drôles qui font profession d'impiété ; ils reconnaissent aussi en grand nombre
et reconnaîtront mieux de jour en jour, qu'ils
manqueraient de bon sens en trouvant que la
religion est bonne seulement pour les prêtres
et les religieuses qui se dévouent à les soigner.

Les faits que nous avons cités prouvent du
reste que nos soldats comprennent où sont
leurs véritables amis et savent entrer dans la
voie du devoir. Nous doutons qu'aucun de
ceux qui ont passé par les hôpitaux de l'armée
d'Orient permette jamais aux libres penseurs
d'insulter devant lui un prêtre ou une religieuse.

Un colonel de dragons, qui est en même
temps un éloquent écrivain, le colonel Ambert,
a noblement exprimé les sentiments que la présence des Sœurs au chevet des soldats malades,
fait naître dans tout cœur bien placé.

« Soldat et Sœur de Charité servent, celle-
ci Dieu, celui-là la patrie...

« Nous ne sommes pas orgueilleux, Sœurs hospitalières et grenadiers, mais nous sommes fiers. Quand nous passons à travers la ville, et que le commerce opulent ou la luxueuse oisiveté nous coudoient à cause de la robe de bure ou du pantalon de treillis, nous pardonnons de grand cœur ; car dans le monde, ce qui veut dire ignorance et pauvreté sociale, chez nous signifie *service* et *dévouement*.

« Hors du monastère de la caserne, vous chercheriez vainement l'égalité tant vantée. Dans une visite que je fis, il y a quelques années, au couvent des Sœurs de Charité, je trouvai à la pharmacie une femme qui faisait bouillir des mauves pour les pauvres. Cette femme, jeune encore, appartenait à une maison presque princière ; elle avait volontairement abandonné à ses sœurs une prodigeuse fortune ; elle avait renoncé au monde, à ses succès, à ses bonheurs. Sa compagne dans ce travail était une humble fille des champs, simple et ignorante.

« Quelques jours après, à la caserne, je trouvai dans la cuisine de l'escadron un jeune bachelier ès-lettres, fils d'un lieutenant-général, pair de France et grand dignitaire de la Légion-d'Honneur. Ce jeune homme était de cuisine. Engagé volontaire, il travaillait, en compagnie d'un Auvergnat peu gracieux, à dépouiller de leur pellicule des pommes de terre destinées au *rata*.

« Le brigadier de planton, ancien menuisier, était debout, le sabre au côté ; se frisant la moustache, tout en surveillant le futur pair de France...

« O philosophe ! plongez-vous dans votre grand fauteuil si moelleux ; alimentez le feu qui pétille dans votre cheminée ; croisez sur votre poitrine les revers de votre soyeuse robe de chambre ; demandez aux doubles rideaux de vos fenêtres cette lumière douce, si favorable à la méditation, puis, écrivez quelque projet de réforme sur le soldat et sur la Sœur de Charité. Dites, calculateurs, dites que nous sommes improductifs ; pesez la part que nous prenons au budget, et demandez que les couvents et les casernes soient transformés en usines !

« Mais, honnête philanthrope, quand l'émeute grondera au carrefour, n'accourez plus, tremblant de peur et les mains jointes, implorer le secours et la pitié du soldat.

« Et si vous êtes malade, honnête économiste, n'appelez plus, quand la mort vous apparaît, n'appelez plus, les larmes aux yeux, la Sœur de Charité pour veiller au chevet de votre lit abandonné par l'égoïsme !

« Rassurez-vous, bonhomme ; Sœur hospitalière et soldat sont de meilleure composition. L'un et l'autre seront toujours à votre service, et vous feront, à l'heure de la peur, celui-ci la charité de son courage, celle-là la charité de ses veilles (1). »

Citons à la suite de cette belle page quelques vers où se retrouvent les mêmes sentiments. La *Gazette de Lyon*, en publiant la pièce dont on va lire un extrait, y a joint la note suivante :

« Nous accédons avec empressement à la demande qui nous est faite de reproduire les stances adressées par un colonel à M. Sève l'aumônier de l'hôpital militaire de Lyon. Cet officier supérieur y avait subi une opération dangereuse, rendue nécessaire par une grave affection qu'il avait contractée en Crimée.

. . . .

Plaignez, plaignez la foi timide et chancelante
Des esprits incertains que le doute obscurcit,
Quand l'âme du soldat, calme et reconnaissante,
S'envolant vers les cieux, vous aime et vous bénit !

Qui méconnaît du ciel la visible puissance
N'élève point vers lui son front respectueux ;
Éclairez, ô mon Dieu ! sa barbare ignorance,
Et qu'enfin la lumière apparaisse à ses yeux !

(1) Colonel Ambert, du 2ᵉ Dragons. *Le Soldat.*

Frère, c'est en ce sens que, guidant la faiblesse,
Votre bras vigoureux sait la conduire au port.
Honneur à vous ! Le but, qui seul vous intéressé
Est le bien sans détours, le bien jusqu'a la mort.

Le prêtre et le soldat doivent marcher ensemble,
Unis et dévoués au bonheur des humains ;
Ainsi le veut le ciel, dont la voix nous rassemble :
Obéissons sans crainte aux suprêmes destins !...

Ce chapitre est déjà bien long, cependant nous voulons encore y mentionner quelques faits.

Plusieurs Sœurs de Charité ont succombé à des maladies dont elles avaient été atteintes en remplissant leur mission. Officiers et soldats, voulant montrer les regrets et la reconnaissance de l'armée, ont mis un vif empressement à rendre à ces saintes filles les honneurs militaires. Les Grecs, les Turcs et même les Anglais, qui ne connaissent pas les Sœurs de Charité, furent fort étonnés de voir nos grenadiers et nos chasseurs du camp de Gallipoli escorter et porter tour à tour sur leurs épaules la bière d'une religieuse. Une Sœur mourut à l'hôpital de Chalkis, en donnant ses soins à nos marins pris par le typhus. Sur la demande des officiers et des matelots les supérieures de la communauté durent consentir à laisser enterrer leur compagne dans le cimetière des marins. Le commandant accompagné

le son état-major, présidait au convoi, et le
cérémonial des funérailles fut celui que l'on suit
pour les officiers.

Le protestantisme a essayé de créer des
Sœurs hospitalières afin de les opposer à nos
religieuses et de ne pas se montrer trop inférieur au catholicisme. Quelques dames, les
unes pieuses les autres enthousiastes, toutes
zélées, se sont rendues en Crimée sous un
costume plus ou moins religieux; elles ont
emmené avec elles des servantes. Celles-
ci n'étant soutenues ni par le dévouement,
ni par l'amour-propre, ni même par la fantaisie, n'ont nullement répondu à l'attente de
leurs maîtresses. Un journal protestant, la
Tribune, de New-York, disait à ce sujet, que
ces gardes-malades « payées pour prendre soin
des blessés anglais étaient très-zélées au début
et se faisaient gloire de leurs honorables fonctions; » mais que bientôt elles prirent d'autres allures, et que la plupart des dames
placées à la tête de l'œuvre durent l'a-
bandonner après avoir fait de vains efforts pour
empêcher le mal. L'une d'elles, miss Lawfield,
comprit la portée de cette expérience et se fit
catholique.

Dès le début presque personne ne voulut
croire dans l'armée anglaise au succès de cette
contre-façon de nos Sœurs de Charité. Les
officiers reçurent froidement ces nouvelles gar-

des-malades, et les soldats leur montrèrent
peu de respect. Ils sentaient instinctivement
que le protestantime ne pouvait porter de pareils fruits. Chez nous, au contraire, le passé
répondait du présent. Il exprimait la pensée de
tous ce soldat qui disait à une religieuse: « Venez
souvent; toutes les fois que vous entrez dans la
salle il me semble voir la France et ma mère. »

CHAPITRE XV.

PRISE DE SÉBASTOPOL.

Les rudes travaux de notre armée avaient
n but bien marqué : prendre Sébastopol. Tan-
is que certaines gens fort tranquilles en
'rance trouvaient que les choses n'allaient pas
ssez vite, généraux et soldats préparaient le
uccès par des efforts constants et héroïques.
'oici où en étaient les choses quand on jugea
uc le moment de donner l'assaut était venu :
« A la gauche, les travaux du génie étaient
arvenus depuis quelque temps à 30 et 40 mè-
es du bastion du Mât et du bastion Central.
. la droite, nos cheminements, poussés très-
ctivement sous la protection du feu soutenu
e l'artillerie ouvert depuis le 17, n'étaient
lus qu'à 25 mètres du saillant de Malakoff et
u petit redan du Carénage. L'artillerie avait
chevé près de cent batteries en parfait état,
arfaitement approvisionnées, et présentant
n ensemble de 350 bouches à feu aux attaques
e gauche et de 250 aux attaques de droite. De

leur côté, les Anglais, bien qu'arrêtés par les difficultés du terrain, étaient arrivés à environ 200 mètres du grand Redan (bastion n° 3 des Russes), sur lequel ils se dirigeaient, et ils avaient environ 200 bouches à feu en batterie. Les Russes, mettant le temps à profit, élevaient du côté de Malakoff une seconde enceinte qu'il importait de ne pas laisser terminer. Enfin, l'armée de secours venait d'être battue complétement le 16 sur la Tchernaïa; elle y avait fait des pertes considérables, et il n'était pas probable qu'elle vînt de nouveau, pour dégager la place, se jeter sur ces positions, que nous avions rendues plus fortes, et où nous étions en mesure de repousser tous les efforts de l'ennemi.

« Il fut donc convenu entre le général Simpson et moi que nous livrerions une attaque décisive. Les généraux commandant l'artillerie et le génie des deux armées se rangèrent unanimement à cette opinion. Le 8 septembre fut le jour fixé pour cette attaque (1). »

Nous avons dit au premier chapitre comment Malakoff fut emporté; nous ne reviendrons pas sur ces glorieux détails; seulement afin de rappeler les travaux du siége et le caractère de

---

(1) Rapport du maréchal Pélissier au ministre de la Guerre.

cette dernière lutte, nous ferons un second emprunt au rapport du maréchal Pélissier :

« L'ennemi, désespérant de reprendre Malakoff, évacuait la ville.

« Vers la fin du jour, j'en avais eu le pressentiment, j'avais vu de longues files de troupes et de bagages défiler sur le pont, en se rendant sur la rive nord : bientôt des incendies se manifestant sur tous les points, levèrent tous nos doutes. J'aurais voulu pousser en avant, gagner le pont et fermer la retraite à l'ennemi ; mais l'assiégé faisait à tout moment sauter ses défenses, ses magasins à poudre, ses édifices, ses établissements ; ces explosions nous auraient détruits en détail et rendaient cette pensée inexécutable : nous restâmes en position, attendant que le jour se fît sur cette scène de désolation.

« Le soleil, en se levant, éclaira cette œuvre de destruction, qui était bien plus grande encore que nous ne pouvions le penser ; les derniers vaisseaux russes mouillés la veille dans la rade étaient coulés ; le pont était replié ; l'ennemi n'avait conservé que ses vapeurs, qui enlevaient les derniers fugitifs et quelques Russes exaltés qui cherchaient encore à promener l'incendie dans cette malheureuse ville. Mais bientôt ces quelques hommes ainsi que les vapeurs furent contraints de s'éloigner et de chercher un refuge dans les anses de la rive nord de la rade. Sébastopol était à nous.

« Ainsi s'est terminé ce siége mémorable, pendant lequel l'armée de secours a été battue deux fois en bataille rangée, et dont les moyens de défense et d'attaque ont atteint des proportions colossales. L'armée assiégeante avait en batterie, dans les diverses attaques, environ 800 bouches à feu, qui ont tiré plus de 1,600,000 coups, et nos cheminements, creusés pendant 336 jours de tranchée couverte, en terrain de roc, et présentant un développement de plus de 80 kilomètres (20 lieues), avaient été exécutés sous le feu constant de la place et par des combats incessants de jour et de nuit.

« La journée du 8 septembre dans laquelle les armées alliées ont eu raison d'une armée presque égale en nombre, non investie, retranchée derrière des défenses formidables pourvues de plus de 1,100 bouches à feu, protégée par les canons de la flotte et des batteries du nord de la rade, disposant encore de ressources immenses, restera comme un exemple de ce que l'on peut attendre d'une armée brave, disciplinée et aguerrie.

« Nos pertes dans cette journée sont de 5 généraux tués, 4 blessés et 6 contusionnés; 24 officiers supérieurs tués, 20 blessés et 2 disparus; 116 officiers subalternes tués, 224 blessés,

8 disparus, et 1,489 sous-officiers et soldats tués, 4,259 blessés et 1,400 disparus : total, 7,551.

« Comme vous le voyez, monsieur le maréchal, ces pertes sont nombreuses : beaucoup d'entre elles sont bien regrettables ; mais elles sont moins grandes encore que je ne pouvais le craindre.

« Tout le monde, monsieur le maréchal, depuis le général jusqu'au soldat, a fait glorieusement son devoir, et l'armée, dont l'Empereur peut être fier, a bien mérité de la patrie. J'aurai bien des récompenses à demander, bien des noms à faire connaître à Votre Excellence ; ce sera l'objet d'un travail qui ne peut trouver place ici.

« Les flottes des amiraux Lyons et Bruat devaient venir s'embosser devant l'entrée de la rade de Sébastopol et opérer une diversion puissante. Mais il faisait un vent violent du nord-est, qui, déjà très-gênant pour nous à terre, rendait la mer furieuse et empêchait de songer à quitter le mouillage. Les bombardes anglaises et françaises purent néanmoins agir et tirèrent avec grand succès sur la rade, la ville et les différents forts maritimes. Comme toujours, les marins débarqués et les artilleurs de marine furent les dignes émules des canonniers de l'armée de terre, et se firent remarquer par la vigueur et la précision de leur tir. »

Nous venons d'entendre le commandant en chef ; écoutons maintenant les officiers et les soldats. Nous donnons ces témoignages sans nous arrêter à l'ordre précis des dates. Ils portent tous sur les mêmes faits, et révèlent les mêmes pensées. C'est là un ordre suffisant.

*
* *

La lettre suivante a été adressée à une religieuse de Paris par son frère, engagé volontaire, qui a traversé le choléra à Varna et les affaires les plus chaudes de la Crimée, où il a gagné l'épaulette de sous-lieutenant :

« Sébastopol, le 14 Septembre 1855.

« Ma chère sœur,

« C'est seulement pour te remercier que je prends la plume, oui, pour te remercier des bonnes prières que tu n'as cessé d'adresser à Dieu pour obtenir ma santé et ma conservation. Tes prières ont été agréables au Ciel ; elles ont été exaucées. Je tiendrai la parole que j'ai avancée, je ne serai point ingrat envers Celui qui m'a sauvegardé tandis que j'ai perdu tant de mes braves camarades.

« Je remercie aussi beaucoup Mme la supérieure, qui, avec toutes ces dames, ont bien voulu intercéder près de la sainte Vierge pour moi.

« Avant d'aller au combat j'avais mon scapulaire, mes deux médailles et l'image de Notre-Dame-du-Laus dans ma poche. Aussi, j'allais à l'assaut plein de courage, et il me semblait qu'au milieu de tous les projectiles j'étais à l'abri de tout danger.

« Au milieu du combat j'ai profité d'un moment de répit pour penser à Dieu. Aussi, j'ai été guidé par le doigt de Dieu, car je me suis trouvé au milieu des mines, de la mitraille, des balles, des bayonnettes, et rien ne m'a touché, je n'ai pas une seule égratignure.

« Mon régiment a, parmi les officiers, neuf tués, deux prisonniers et à peu près vingt blessés.

« Mon brave colonel, le brave des braves, a été tué par la mitraille dans un moment sublime.

« Mon capitaine a eu le bras cassé par la mitraille à mes côtés.

« En sus des officiers, mon régiment à 600 hommes hors de combat sur 1,500 combattants.

« Bénissons Dieu, ma chère sœur, remercions-le ensemble surtout pour notre bon père, qui eût été bien malheureux si j'avais succombé au combat.

« Mais, en tout cas, si la volonté de Dieu est

que je meure pour ma patrie, vous aurez tous
la consolation de dire que la mort m'aura frappé à mon poste.

« Adieu, ma chère sœur, bientôt nous pourrons ensemble rendre grâces à Dieu.

« Ton dévoué frère t'aime et t'embrasse tendrement.

R...

*
* *

Le *Lorientais* disait, dans un de ses numéros d'octobre 1855 :

« Bien que nous ayons déjà, dans un de nos
précédents numéros, payé notre tribut de regrets à la mémoire du jeune et regrettable
M. Lévier, une des victimes de la glorieuse
journée du 8 septembre, nous croyons encore
faire plaisir à nos lecteurs, en leur offrant les
deux lettres suivantes, que, sur notre prière,
sa famille a bien voulu nous communiquer. »

« Inkermann, 7 Septembre 1855.

« Mon père et ma mère bien-aimée,

« Nous voici à la veille d'un grand jour.
C'est demain qu'on donne l'assaut sur toute la
ligne. C'est surtout au point que nous atta-
quons que se passera l'action principale. S'il
plaît à Dieu, nous serons demain maîtres de la
partie sud de Sébastopol. Nécessairement,

nous ferons bien des pertes, et chacun, s'il est sage, doit penser que demain sera peut-être son dernier jour. Pour mon compte j'espère dans la bonté divine, dans la protection de la sainte Vierge, notre patronne commune, et dans celle aussi de notre bonne sainte Anne. Mais si la volonté de Dieu est que je termine demain ma carrière, que ce petit mot de billet vous assure, chers parents, que vous partagez avec Dieu les dernières pensées de votre pieux fils.

« S'il succombe demain, vous aurez la consolation de penser que c'est en faisant son devoir et pour son pays.

« Dites à tous nos amis que j'ai songé à eux et remerciez-les pour moi des témoignages d'amitié qu'ils m'ont toujours prodigués.

« A bientôt, j'espère, je vais me coucher et m'endormir en pensant à vous.

« Recevez les baisers bien tendres de votre fils affectueux.

« ARMAND. »

« *P. S.* Cette lettre ne partira qu'après l'affaire et j'espère bien la rouvrir moi-même. »

« Camp d'Inkermann, le 9 Septembre 1855.

« Monsieur le Curé,

« C'est avec douleur que je vous envoie les dernières pensées de mon sous-lieutenant,

14.

M. Lévier. Ce digne et excellent jeune homme, aimé de tous et surtout de moi, est tombé frappé à la tête d'une balle russe, le 7, vers huit heures de l'après-midi. Lévier est mort en chrétien et en brave. A vous, M. le Curé, de consoler sa pauvre mère, à vous, Monsieur, de comprendre le deuil de son pauvre capitaine, qui n'ose écrire à une mère en larmes.

« Blessé au moment où mon brave sous-lieutenant mourait, je n'ai pas eu le temps de le faire enlever de suite, et ce n'est qu'hier que nous l'avons rendu à la terre avec la bonne assistance de notre aumônier. Vous avez donc, Monsieur le Curé, une double mission à remplir : remplacer la famille, consoler une mère, pleurer sur une tombe qui est à mille lieues de vous.

« J'ai pris sur lui une petite vierge, avec des médailles et une petite croix. Je ferai parvenir le tout en même temps.

« Soyez assez bon, Monsieur le Curé, pour faire agréer mes respectueux compliments à la malheureuse famille de mon brave sous-lieutenant.

« Recevez, Monsieur le Curé, mes salutations cordiales.

« F. CHABLE.

« Capitaine au 10e de ligne, armée d'Orient.
1re division, 2e corps.

Cette lettre, adressée à leurs parents par deux jeunes soldats, enfants de troupe, a été communiquée au journal l'*Univers* :

« L'assaut s'est donné le 8, le régiment a énormément souffert. Laurent a été blessé dans le ravin qui conduit aux tranchées ; dans huit jours il sera guéri. Moi je me porte comme un jeune chêne ; je faisais fonctions d'adjudant à l'assaut et me trouvais avec le colonel. J'ai parcouru sept fois, sous une pluie de balles et de mitraille et complètement à découvert, le terrain de notre première tranchée à Malakoff.

« La Vierge m'a protégé, car je n'ai pas une égratignure ; la poignée de mon sabre seulement a été enfoncée par un biscaïen ; ainsi donc, mes bons parents, réjouissez-vous, car vos enfants sont sauvés de l'assaut.

« Que la bonne mère aille remercier la Vierge Marie, Notre-Seigneur Jésus-Christ, de notre bienheureuse délivrance, et qu'elle remercie sincèrement de notre part les bonnes Sœurs Carmélites pour les prières qu'elles ont faites pour nous, en les engageant toutefois à les continuer, car leur protection vaut mieux que celle d'un maréchal de France.

« J'ai été fait adjudant aussitôt après l'affaire, et il est certain qu'avant la fin du mois je serai sous-lieutenant. Le colonel me l'a promis, il m'a parlé de la mère en disant : « Vous avez une bonne mère, aimez-là toujours comme

vous le faites, cela vous portera bonheur. »
Vous voyez donc, mes bons parents, que nous
sommes trop heureux, et pour l'être tout à
fait il faut que vous restiez à L...., car nous
ferons des mouvements en avant et vous se-
riez trop malheureux. Vous ne viendrez pas,
je vous en supplie.

« Les Russes sont complètement hors de la
ville, ils y ont mis le feu, et cependant nos
soldats en rapportent une masse de choses.
Nous avions 46 officiers en partant pour l'assaut, 23 ont été blessés et 9 tués ; mon pauvre
capitaine est du nombre.

« Vos enfants vous aiment plus que la vie
et vous embrassent un million de fois ainsi que
le petit frère François.

« Pour tous deux : Victor. »

« J'ai laissé à Victor le plaisir de faire la
lettre. Grâce à Dieu, nous sommes encore sauvés d'une rude affaire. Victor s'est parfaitement distingué ; bien des personnes se sont
empressées de me le dire... Nous nous étions
promis d'être toujours en avant : Dieu en a
décidé autrement, puisqu'il a permis que je
sois blessé dans la parallèle ; dans tous les cas,
nous sommes bien heureux.

« Je vous embrasse de tout mon cœur, em-
brassez François pour nous.

« Laurent. »

*_**

Le *Droit Commun* de Bourges a le premier publié la lettre suivante, qu'il tenait de la personne même qui l'avait reçue :

« Devant Sébastopol.

« Mon excellent père,

« Mon bataillon a été décimé, il est vrai, et s'il faut que je te le dise, j'ai été moi-même blessé; mais la plaie que m'avait faite une balle en effleurant mon bras gauche, est tout à fait fermée. Je n'ai voulu t'écrire qu'après complète guérison, parce que je craignais que si je te parlais de blessure, même légère, tu allasses croire à quelque chose de grave. L'amour paternel est si porté à grossir le mal et à voir la mort là où il n'y a que quelques gouttes de sang répandues !

« M. l'aumônier de ma division, que j'étais allé trouver (et tu sais pourquoi faire, car je n'ai pas oublié sous le frac tes bons conseils), m'avait donné le courage le plus décidé.

« Je lui ai montré la médaille de la sainte Vierge, que m'avait remise feu ma bonne mère, et il m'a répondu : « Allez, mon bon ami, on ne périt jamais sous la protection de Marie, et si le Ciel demande pour votre pays le sang qui coule dans vos veines, la Reine du ciel vous ouvrira une patrie meilleure. »

« Je t'assure, mon vertueux père, que ces saintes et patriotiques paroles du brave aumônier, ainsi que le souvenir de ma tendre mère, ravie à mon affection il n'y a que quelques mois, m'ont soutenu avant et pendant le combat, en me donnant un espoir que la religion seule est capable de mettre dans l'âme.

« Si j'avais vu la mort venir à moi, c'eût été sans terreur ; car j'avais mis ordre aux affaires de ma conscience. Tous les sous-officiers de mon bataillon (moins deux) en avaient fait autant. J'ai aussi compté ce jour-là vingt-sept officiers, y compris mon commandant, qui sont allés visiter la tente de notre digne aumônier. Le démon, comme tu le vois, n'a pas encore l'âme de tous les militaires.

« Fais lire ma lettre, je t'en prie, à mon pauvre frère, qui ne pratique pas, lui, la religion, quoique, comme il me l'a dit un jour, il ait la foi. S'il savait la paix que goûte une âme dévouée à Dieu et à son pays, il n'hésiterait pas un seul instant à se la procurer.

« Je me porte très-bien maintenant, et si le Ciel, en nous rendant victorieux, m'accorde de revoir mon vieux Berri, et toi surtout, mon bon père, je te raconterai beaucoup des détails qui ne sont pas du cadre d'une épître.

« Adieu, bon père, et crois bien que ton fils

ne trompera pas tes espérances et qu'il se conduira toujours comme chrétien et comme Français.

« LOUIS D... »

⁎⁎⁎

On nous écrit de Valenciennes, le 1er octobre, disait le journal l'*Univers* dans son numéro du 4 du même mois :

« Monsieur le Rédacteur,

« J'ai lu plusieurs fois dans votre estimable journal des lettres de Crimée remplies des plus beaux sentiments chrétiens. Je suis heureux de pouvoir vous en communiquer deux, écrites dans le même esprit de foi, et que vous publierez si vous le jugez à propos.

L'auteur de ces lettres est un jeune sergent d'un des régiments de ligne de la 1re division. Sa valeur lui a mérité la médaille militaire à la bataille du pont de Traktir. Dans une lettre qu'il écrivait à sa sœur le 22 août, on lit ces belles paroles : « Je porte avec dévotion la mé-
« daille de la sainte Vierge et le scapulaire que
« m'a donnés la chère Sœur ; je vous prie de
« la remercier. » Sa confiance en Marie n'a pas été trompée, comme on le verra par les deux lettres suivantes :

« Agréez, etc. »

« Au camp d'Inkermann, le 8 septembre.

« Mes chers parents,

« Au moment où je vous écris ces deux deux mots, on rappelle.

« Le grand jour est venu ; nous montons à l'assaut dans deux heures. Que Dieu me garde en bonne santé ; je prie la sainte Vierge Marie de me préserver. Je dis comme le bon saint Druot : Celui que Dieu garde est bien gardé.

« Adieu, adieu, mes chers parents ; pensez à moi.

« Tout à vous.

« Votre fils, C... »

« Sébastopol, le 9 septembre 1855.

« Mes chers parents,

« Victoire ! Sébastopol est en notre pouvoir. J'arrive de combattre après vingt-quatre heures d'un combat meurtrier. Les Russes ont été battus ; nous avons remporté la victoire ; ils ont évacué la ville en l'incendiant ; à leur habitude, ils ont fait sauter les poudrières, les arsenaux et tous les monuments principaux, brûlé leurs navires ; enfin, nous sommes maîtres des ruines de Sébastopol. Nous avons eu beaucoup de peine à nous emparer des batteries noires. Cher père, je n'ose vous dire dans quel état je suis rentré à notre camp, couvert de sang et de poussière. Plus de 250 nobles soldats ont succombé autour de moi. Les Russes nous tiraient à bout portant. Ce qui m'a fait plus de peine en combattant, c'est de voir tous mes amis succomber en me demandant du secours. Plus de 20 officiers sont morts près de moi. Nous avons eu 35 officiers hors de combat. Le nombre d'hommes, je ne puis le dire. Pour moi, j'en suis sorti sain et sauf. Je vous prie de croire, mes chers parents, que je n'ai pas oublié la sainte Vierge en combattant. J'ai reçu deux balles en pleine poitrine qui ne m'ont fait aucun mal ; je les conserve avec soin ; je vous les ferai voir sous peu de jours ; j'espère qu'on va renvoyer la classe de 1847.

« L'on dirait que nous sommes dans un un autre monde : on n'entend plus gronder le canon. Au moment où je vous écris, la ville est toute en feu ; ce tableau est bien triste ; il n'appartient qu'à des Russes d'agir ainsi. Enfin, chers parents, j'espère vous voir sous peu et vous faire voir ce noble insigne que je porte à ma boutonnière.

« Adieu, adieu.

« Votre fils pour la vie, C... »

* *

Voici d'autres lettres non moins dignes d'intérêt. Elles ont été écrites la veille, le jour et le lendemain de la prise de Sébastopol, par le capitaine d'une des compagnies qui ont donné l'assaut :

« Mon cher frère,

« Ma sœur reçoit une lettre en même temps que toi; cette lettre, fermée hier, je l'ai rouverte ce matin, pour l'informer que, dans quelques heures, nous livrerons l'assaut à Malakoff et à la ville aussi, peut-être.

« Je ne me dissimule pas les dangers que nous allons tous courir; mais j'ai confiance en Dieu et je le prie de me conserver à tous les miens, s'il lui plaît ainsi. Le courrier part aujourd'hui à midi; c'est vers cette heure là que nous donnons l'assaut. Je ne puis donc en attendre l'issue pour te dire que je vous embrasse tous de tout mon cœur et que je compte vous revoir bientôt. Ainsi que je le dis à ma sœur, je vous écrirai par le prochain courrier, celui de mardi 11 courant. Embrasse ta femme et tes chers enfants pour moi.

« Ton frère et toujours ton ami, P.

« Ce 8 septembre, 8 heures du matin.

« Le canon gronde plus que jamais; dans deux heures je serai dans les tranchées le sabre à la main. Je suis d'un calme, d'une confiance qui m'étonnent moi-même, mon

cher frère, et devant un pareil danger, ce
n'est qu'à toi, mon ami, que j'ose le dire.
Il y aurait trop d'orgueil de l'avouer à un
autre que toi. Je viens de déjeûner; je n'ai
presque bu que de l'eau. Je n'aime pas les sur-
excitations alcooliques; elles ne vous font
jamais rien faire de bien. Maintenant je te serre
encore la main en te disant: Aie confiance au
moins autant que moi. Cette lettre, je ne te
l'eusse pas adressée à pareil moment si je ne
te savais homme à me comprendre. Ma pro-
chaine te dira bientôt le reste...

« Maintenant, mon Dieu, ayez pitié de
moi... Je me recommande à vous avec sincérité... et que votre volonté soit faite...

« Vive la France et vive l'Empereur. Il faut
que notre aigle plane aujourd'hui sur Sébastopol.   P.

La lettre suivante est d'une écriture tremblante et assez difficile à déchiffrer :

« Chers frère et sœur,

« Vous tous, mes amis, je n'ai eu que trois
blessures heureuses, dont une à la main droite,
qui me gêne un peu pour écrire; mais je suis
sur mes jambes et je vais bien. Je commande
le bataillon provisoirement; je le comman-
derai pour tout de bon demain peut-être.

« Adieu. Je suis bien heureux d'être de ce
monde. De 950 hommes que j'ai eu hier en
prenant le commandement, il m'en reste 420...;

mon commandant, quatre capitaines, deux lieutenants, un sous-lieutenant, tués. Dieu m'a protégé. Sauf quatre blessures, et toutes heureuses, rien de grave.

« Les Russes sont partis; la ville et la flotte n'existent plus.

« Votre frère. P. »

« Chère sœur,

« Avec la meilleure volonté, je ne puis écrire longuement. Mes blessures vont bien, ainsi que mes contusions; mais ma main droite souffre beaucoup. C'est à vos bonnes prières à tous que je dois d'avoir survécu à tant de braves gens morts sous mon commandement. Remercions donc le Ciel tous ensemble.

« Je ne puis continuer; je souffre et je pleure tant d'amis et de camarades !

« Je vous aime de tout mon cœur.

« Votre frère, P.

« Ce 25 septembre.

« Dites à la famille D... que leur fils est blessé, mais comme moi, heureusement; je l'ai proposé pour la médaille militaire.

⁂

Un ecclésiastique du diocèse de Valence avait quatre frères à l'armée de Crimée. Trois se trouvaient à l'assaut de Sébastopol; le quatrième, sous-lieutenant au 98e de ligne, était rentré en France depuis quelques temps avec la croix d'honneur, et atteint d'une blessure grave dont, après six mois de souffrance, il n'était pas encore guéri.

«... La veille de la bataille, dit l'abbé R., le général Trochu, commandant la brigade, avait demandé 150 hommes de bonne volonté, pour aller dresser les échelles, monter les premiers à l'assaut et frayer le chemin du bastion Central au reste du corps d'armée. Mon jeune frère Gustave, sergent-major, fut l'un des premiers du 21e à se présenter. Il demandait avec instance à mon frère aîné, son capitaine, la faveur de le faire admettre. Aux observations de celui-ci, il répondait: « Vois-tu, je veux aujourd'hui chercher mon épaulette sur les murs de Sébastopol. » Mon frère aîné le voyait si brave, si confiant, qu'il n'insista plus; il lui semblait que Dieu le lui conserverait encore. Il le prend avec lui, le mène au général, et, le présentant comme volontaire, il demande à ne pas le quitter et à marcher comme volontaire aussi.

« Le général, ému, dit: « Mon ami, c'est trop de deux frères pour une entreprise aussi périlleuse. Je vous accepte, vous, et je vous donne le commandement d'une compagnie. Quant à votre frère, je le considère comme faisant partie des volontaires, mais il n'ira point avec eux. »

« Mon frère aîné fut charmé de cette décision. Il était heureux d'épargner le danger à son jeune frère, et pourtant il était inquiet d'être obligé de s'en séparer. Il le recommanda fortement à son lieutenant et à son sous-lieutenant. Puis, quand l'heure fut venue, chacun marcha résolûment où le devoir l'appelait... »

Le détachement dont le sergent Gustave faisait partie fut envoyé à l'attaque du bastion Central. Le jeune sous-officier combattit en héros et tomba frappé d'une balle au front.

« Immédiatement après la bataille, le premier soin de mes frères fut de se chercher réciproquement. Deux eurent la joie de se retrouver sains et saufs, joie mêlée à une horrible anxiété; car, hélas! le troisième ne fut point trouvé parmi les vivants, et bientôt instruits de son déplorable sort, ils ne leur resta plus que la triste consolation de le pleurer ensemble.

« Ils avaient eux-mêmes couru les plus grands dangers et avaient vu tomber autour d'eux bien des hommes; mon frère aîné, surtout, qui, des 75 volontaires qu'il avait conduits à l'assaut, n'en ramena que 15 intacts. Il fut décoré, et mon frère Aristide passa, avec son grade de lieutenant, dans une compagnie d'élite.

« Mon frère Gustave aussi, j'espère, aura eu sa récompense, et une récompense plus réelle que celle des autres. Ce n'était pas seulement un brave militaire, c'était un excellent frère, un excellent fils et un bon chrétien. Même au régiment, il accomplissait ses devoirs religieux. Une grande consolation pour ma famille et pour moi, c'est qu'il ait passé, en qualité de sergent-major, les derniers mois de sa vie sous la conduite et la tutelle immédiates de son frère aîné, le plus pieux des soldats.....

*
* *

Le *Mémorial de l'Allier* a publié dans un de ses numéros du mois de novembre une lettre adressée par un officier à sa sœur, « Pieuse et sainte fille, disait-il, qui se dévoue à la prière et au soulagement des malades, pendant que son frère se bat pour la France. » Voici quelques extraits de cette lettre :

« ..... Je commencerai donc par te dire : O ma chère sœur, prie, prie pour que Marie, prie pour que Dieu éloigne de nos camps le fléau des fièvres. Les fièvres, qui partout ailleurs se composent d'un léger tremblement, rendent fou ici. Tous les accès que j'en ai eus ont été accompagnés d'aliénation mentale, avec des sueurs cadavériques et des hallucinations épouvantables. Mon Dieu ! quel affreux tourment !...

« J'ai conservé précieusement une petite médaille de cuivre que l'aumônier de ma division m'a donnée pendant une de ces crises ; et si jamais, ô mon esprit, si jamais tu voulais t'engager dans ces discussions ardentes où Dieu et la vertu sont détrônés par la raison, un seul regard jeté sur cette petite médaille te rendra, par la vue de ton néant, la douce paix de la foi.

« Après la prise de la ville, notre vie est devenue si uniforme, qu'à peine diffère-t-elle de celle des garnisons de France. Nous avons bien quelques alertes, mais après une prise d'armes de quelques heures, tout rentre dans le calme habituel ; la monotonie s'empare de nos loisirs. Heureux qui a assez de philosophie ou de foi pour charmer, par un travail délassant et instructif, ces instants perdus autrement pour la terre et le ciel. Si j'avais la facilité de l'envoi, je te ferais cadeau d'un Christ et d'une Vierge miraculeuse, fruits de mon canif ; le premier en bois de saule, sculpté au camp d'Alson, dans les bois ; la deuxième en pierre blanche de Crimée. Espérons, avaries à part, que, de retour en France, je pourrai un jour te les expédier. La sculpture, le dessin et la correspondance, voilà les trois palliatifs que j'ai mis jusqu'à ce jour en usage pour éviter le désœuvrement et le spleen.

« ... Je crois que les dangers que j'ai courus,

les souffrances que j'ai endurées ont mûri ma raison bien autrement que ne l'eût fait l'âge ; de façon que je me trouve, à trente ans, l'expérience et le cœur de l'homme de quarante. Quelles actions de grâces ne dois-je pas à Dieu d'avoir mis au bord du calice l'amertume du fond ? Quels que soient les jours que le ciel me réserve, qu'il soit béni.

« Tu me demandes le nom de notre aumônier ; c'est justement une question qu'il ne m'est jamais venu dans l'idée de lui faire. Je sais bien que son prédécesseur s'appelait G'Stalter (un vénérable Alsacien), mais j'ignore le nom de l'aumônier actuel ; et qu'importe son nom ? C'est un frère, c'est un ami, *consolator afflictorum* ; c'est plus qu'un frère et qu'un ami, c'est un père. Son nom ? Appelle-le Ange, Providence, qu'importe le nom ? Appelle-le si tu souffres... il viendra. Son nom ? Dieu le sait et les saints doivent le dire avec orgueil. Moi, je ne te le dirai pas ; son nom doit être celui d'un homme, je ne veux pas le lui demander... Parce que ? Parce que l'aumônier n'est pas un homme pour moi, c'est un génie bienfaisant qui ne doit rien avoir d'humain, pas même le nom. Je ne le conçois que parlant de Dieu, et voilà pourquoi je ne parlerai pas d'autre chose avec lui.

« J'ai en vain mis en réquisition ma muse pour te composer quelques cantiques ; l'inspiration n'a pas répondu à l'invocation, Pégase a été plus que rétif ; je n'ai rien pu extraire de mon cerveau, je crois que les fièvres ont tout emporté.

« Espérons qu'au retour des soleils de printemps le vide s'emplira, le sombre s'éclaircira, et que je pourrai, en l'honneur de notre Mère céleste, composer quelques couplets en musique. »

*
* *

« ... Je suis en Crimée depuis le 2 de ce mois, écrivait le capitaine d'Anouilt à la fin de septembre. Le lendemain de la prise de Sébastopol, à un enterrement de huit officiers, dont six d'un même régiment, y compris le colonel et un des chefs de bataillon, j'ai reconnu l'abbé Auvert, chargé en second, à Lyon, de l'Œuvre des militaires, et parti de cette ville moins d'un mois avant moi. Nous nous sommes serrés affectueusement la main ; mais je n'ai pu le revoir qu'une fois depuis. J'ai aussi fait une visite au P. Parabère, aumônier supérieur, qui m'a fait un très-amical accueil, et qui m'a fait promettre, non-seulement d'aller le revoir souvent, mais encore d'aller quelquefois partager son modeste déjeûner ou dîner. Mes nombreuses occupations et la distance où je suis de lui, plus de 5 kilomètres, ne m'ont pas encore permis de tenir ma promesse. Depuis que je suis

en Crimée, il ne m'a été permis d'entendre la
messe qu'une seule fois ; c'est dimanche dernier, à la chapelle en branchages de l'aumônerie de la 3e division du 2e corps. Le général
de Mac-Mahon et le général Espinasse, ainsi
qu'une trentaine d'autres officiers y assistaient ;
il y avait une compagnie de service, mais peu
de soldats non de service, ce qui tient aux corvées qui se faisaient pendant la messe et aux
travaux pour passer la revue dans l'après-
midi.

« Pendant la journée à jamais mémorable
du 8 septembre, le 30e de ligne occupait les
tranchées de première ligne, situées en avant
de la courtine reliant le bastion de la Quarantaine à celui appelé Central. J'étais avec ma
compagnie dans ces tranchées des plus dangereuses, juste à l'endroit où, l'an dernier, le général de Lourmel tombait mortellement frappé, victime, si mes souvenirs me servent bien,
d'une trop brillante valeur. Par un des cré-
neaux de la tranchée, j'ai vu la colonne d'assaut se porter bravement contre le bastion
Central, puis s'arrêter un instant sur le bord du
fossé de cet ouvrage ; ensuite, rétrogradant
jusqu'à la queue du glacis, y rester couchée
sur le ventre pendant plus d'un quart d'heure,
puis enfin rentrer à la tranchée d'où elle était
partie, toujours en butte à la plus horrible
mitraille qu'artillerie ait jamais vomie. Quel

spectacle émouvant, mon cher Germain, quel spectacle que la vue de ces hommes, dont la plupart braves gens de la campagne, tombant, à tout instant, pour l'accomplissement d'un devoir! Pendant cette tentative d'assaut, nos frères d'armes de Malakoff prenaient, plus heureux que nous, cet ouvrage formidable et déterminaient par là la chute de Sébastopol. Ce jour-là, le 30e a eu un officier et deux soldats tués sur coup, deux officiers et dix-sept soldats blessés. L'un de ces derniers officiers, charmant jeune homme de moins de vingt-un ans, vient de mourir après avoir subi deux fois l'amputation du bras gauche. Il avait été blessé dans la tranchée étant côte à côte avec moi.

« J'ai failli être victime moi-même, non d'un acte de bravoure, mais d'imprudence : le 8 septembre, sur les cinq heures du soir, je n'entendais plus de détonations ; c'était l'heure du dîner, et je pensais qu'assaillants et défenseurs avaient un instant suspendu leurs feux. J'eus la curiosité d'aller examiner les monuments du cimetière, situé à 150 mètres en arrière de la tranchée que ma compagnie occupait. Bientôt je sentis à ma joue le vent (heureusement que ce n'était que le vent) d'un biscaïen qui m'avertit d'aller reprendre ma place de combat à la tranchée, ce que je m'empressai de faire en remerciant Marie, sous la protection de laquelle je me suis placé.

« J'aurais bien d'autres choses à vous dire, mais le courrier va partir.

« Je finis donc en vous disant que je n'ai pas cessé d'avoir la plus parfaite santé, et en vous priant de me recommander aux prières de la Conférence dont vous faites partie. »

.*.

Un de nos amis nous communique la lettre suivante, disait l'*Univers* du 5 novembre, elle est datée du camp devant Sébastopol, 4 septembre. Le capitaine qui l'a écrite était le 8 à l'assaut de Sébastopol. L'ami auquel il écrivait quittait en ce moment Constantinople, non pas pour rentrer en France, comme il y était autorisé, mais pour se trouver à la lutte décisive que chacun attendait; il a eu un membre emporté.

« Devant Sébastopol, 4 septembre.

« Mon cher ami,

« Le capitaine F... est venu pour vous voir le lendemain de votre départ. Il vous apportait une *Imitation de Notre-Seigneur Jésus-Christ*, en gage de son amitié. Je vous l'envoie. Il a bien regretté de n'être pas venu un jour plus tôt; il vous eût embrassé avec bien du plaisir. Il sait vos excellentes qualités, votre bon cœur, votre courage admirable. Je lui ai parlé de votre blessure, où et comment vous

l'aviez reçue, de votre touchante résignation
et de votre guérison merveilleuse. Il en a été
bien touché, et surtout quand je lui ai dit
qu'on vous avait oublié aux premières récompenses distribuées. Il a compris l'étendue et la
beauté de votre sacrifice, dont vous pour-
riez justement vous glorifier, si un chrétien
pouvait se glorifier de quelque chose. Mais vous
le savez, mon bon F..., un chrétien ne doit
s'attribuer rien, car toute bonne action vient
de Dieu, et quand Dieu se sert de nous pour
faire le bien, nous devons le remercier en nous
inclinant bien bas, nous, néant, qui sans lui
ne pouvons faire rien qui vaille. Il a voulu que
vous fussiez un bel et touchant exemple, et
vous l'êtes. O mon ami! comme vous êtes entré
franchement dans la voie du chrétien et combien le bon Dieu vous en récompense! Quelle
belle couronne il semble vous promettre! Continuez, continuez! J'envie votre sort, parce que
j'ai le bonheur de le comprendre, et je vois
là une grâce qui m'est faite. Mais, mon cher
ami, je n'ai pas vos vertus; je vois le bien sans
pouvoir l'atteindre, et je gémis de ma faiblesse.
Cependant j'ai confiance dans la miséricorde
divine, en laquelle je m'abandonne, comptant
sur les prières de ceux qui m'aiment. Je compte
sur les vôtres, mon cher ami, je ne les demande pas longues: une seule parole avec votre bon cœur plein d'amour tendu vers Dieu...

« Votre départ m'a serré le cœur, j'ai senti qu'il m'enlevait mon meilleur ami. Nos douces confidences, toutes pleines de Dieu, s'envolent avec vous !... Mais nous nous écrirons, n'est-ce pas, mon ami? et vos lettres viendront de temps en temps me tirer de mon engourdissement et réchauffer mon cœur quand il sera froid.

« Quand vous rentrerez en France, en traversant ce beau pays tant aimé du bon Dieu, vous tâcherez, n'est-ce pas, de vous arrêter dans la ville où vous savez que se trouvent ma mère, mon père, ma famille ; vous les verrez, vous leur parlerez de nous, et s'ils prononcent le nom de mon frère, vous direz qu'il est mort bravement sur le champ de bataille. Vous verrez A..., si vous le pouvez, vous le suivrez à la cure dont je vous ai souvent parlé et où l'on sera enchanté de vous voir.

A Notre-Dame de Fourvières, si vous y montez, vous prierez pour moi ! C'est là que j'ai versé mes premières larmes de repentir, et aussi les plus douces quand j'ai senti le pardon de Dieu pénétrer dans mon cœur.

« Mon cher F..., vous traverserez la France, vous irez serrer sur votre cœur votre mère adorée, votre brave père, votre frère et vos neveux ; tous seront bien heureux de vous posséder.

« Adieu, ou plutôt au revoir. »

Le capitaine dont il est parlé dans cette lettre, et qui envoyait à son frère d'armes une *Imitation*, lui écrivait quelques jours plus tard à l'hôpital de Constantinople :

« Mon cher N...,

« J'ai été pour vous voir, vous étiez parti le matin ; j'aurais bien désiré vous faire mes adieux. Il est inutile de vous dire la part que j'ai prise à votre affreux accident. Ce qui me rend ce coup moins amer, c'est de savoir l'énergie avec laquelle vous l'avez supporté, et l'admirable résignation que vous avez fait paraître dans ces circonstances si douloureuses. C'est Dieu qui frappe et Dieu qui guérit ; c'est lui qui vous a inspiré ces nobles sentiments. Il vous a ainsi été donné de le glorifier dans votre affliction ; il a fait pour vous ce qu'il fait pour un fils chéri, vous décernant l'honneur de vous montrer fort pour l'amour de lui, et digne de souffrir pour Jésus-Christ. Ah ! certes, si je ne considérais ce qui vous arrive qu'au point de vue du monde, je ne pourrais cesser de le déplorer ; mais votre exemple même m'élève à des pensées plus hautes ; en vous sachant si soumis à la volonté divine, je ne songe plus qu'à la divine parole : *Bienheureux ceux qui souffrent, car ils seront consolés* ; je ne puis douter que le Seigneur de toute bonté, qui a mis en vous tant de force pour supporter la douleur, n'ait répandu dans l'intime de votre cœur mille consolations ineffables et cette indicible espérance d'une bienheureuse immortalité.

« Tout, dans la religion, nous montre la souffrance comme un acte nécessaire au chrétien et comme la source des grâces les plus abondantes : c'est la douleur qui éprouve, qui expie. La douleur est le caractère de l'âme fidèle. C'est elle qui la rend l'image la plus frappante du Christ, l'homme de douleur.

Dieu, dans sa miséricorde, considérant votre amour pour lui et ce désir ardent de lui plaire qui éclatait pour ainsi dire constamment en vous, a voulu, dans une circonstance mémorable et où sa gloire était manifestement engagée, vous marquer de ce sceau divin de la douleur.

« Si vous vous rappelez vos fautes, vous le remercierez de vous avoir donné de les expier ainsi dès à présent.

« Si vous vous rappelez ces mauvais désirs qui germent dans tout cœur humain, vous le remercierez encore d'avoir voulu vous éprouver au feu de la tribulation.

« Vous le remercierez surtout d'avoir choisi son serviteur pour en faire une victime agréable à ses yeux ; il n'est pas douteux que

votre sacrifice n'ait été agréable et ne soit pour
vous la source de grâces surabondantes et
d'une gloire éternelle.

« Vous avez perdu un bel avenir terrestre,
mais Dieu a voulu vous faire oublier ces sortes
d'intérêts, et en vous détachant des choses qui
passent, vous rapprocher de lui et vous attacher
plus particulièrement à ce qui est impéris-
sable.

« C'est pourquoi vos yeux et votre cœur
s'élèveront vers lui, qui seul aujourd'hui est
votre espérance, espérance dont votre blessure est un gage et qui ne sera point trompée.

« Vos rêves d'avenir détruits, il vous reste
les réalités du Ciel. Quel échange, mon cher
N,..; et dans ce profond malheur qui vous
frappe, n'y a-t-il pas une vive source de joie ?

« Voilà ce que je me dis lorsque je ne puis
m'empêcher de regretter votre éloignement de
l'armée ; je me console de n'avoir plus un ami
dans nos rangs, en songeant que cet ami est
plus près de Dieu. C'est la bonne place, mon
cher ami, ne la quittez point. Attachez-vous
de plus en plus à la vérité éternelle. Profitez
de la miséricorde de Dieu, qui ne vous arrache
violemment d'auprès de nous que pour vous
attacher plus fortement et plus irrévocable-
ment à lui. Vous étiez sincèrement chrétien,
vous venez de le prouver dans cette cruelle

épreuve ; il ne vous reste plus qu'à persévérer dans cette noble voie. Dieu vous a voulu ainsi, il a ses vues, pénétrez-les et les remplissez. Que sa grâce, que toute sa miséricorde soit sur vous. Que Notre-Seigneur Jésus-Chist vous console, que, pénétrant en vous de plus en plus, il vous imprègne de son esprit, féconde votre sacrifice et vous rende de plus en plus digne de lui.

« Puisse-t-il vous rendre au centuple, en joies divines, toutes les privations qu'il vous impose ; puisse-t-il vous remplir des sentiments de la charité la plus tendre ! Que sa paix soit sur vous, que sa bonne Mère ait pour vous les regards les plus tendres et ces mille attentions qui réjouissent le cœur d'un enfant dévoué.

« Mon cher ami, je vous ai dit tout ce que je me dis pour alléger le chagrin que me cause votre mauvaise fortune. C'est tout ce qui fortifie mon esprit, comme je vous souhaite tout ce qui me semble le meilleur et tout ce que je désire. Puissent ma bonne volonté et mon affection vous faire du bien ! Vous savez que cette affection est entière. Vous ne pouvez douter combien je serais heureux qu'elle fût mise à l'épreuve, et je compte assez sur la vôtre pour espérer que vous me donnerez ce plaisir à l'occasion.

« Je vous ai recommandé aux prières du

curé de Saint-Nicolas (autrefois curé de Saint-Pierre, à Lyon) et aux confrères de l'Adoration-Nocturne. M... compte vous voir à votre passage à...

« Adieu, mon cher N..., ne m'oubliez pas dans vos prières, et croyez-moi tout à vous en Notre-Seigneur. »

Cette lettre nous a été communiquée, disait l'*Univers* dans son numéro du 22 novembre, par un des zélés Missionnaires qui se sont dévoués à notre armée. Le billet qui l'accompagnait nous a appris que l'officier auquel elle a été adressée était en pleine voie de guérison.

***

On sait quel beau rôle l'amiral Bruat a rempli pendant la campagne de 1855. Son activité, sa décision, son énergie, lui avait conquis l'admiration de tous. On sait aussi qu'il est mort presque subitement d'un accès de goutte remontée, en rentrant en France. La mort cependant n'a pu le surprendre, car cet illustre marin était un chrétien fervent. Donnons à ce sujet de trop courts détails communiqués par la famille de l'amiral au *Journal de Saint-Quentin* :

« La crise à laquelle a succombé l'amiral Bruat a été subite, mais son état de santé depuis longtemps était chancelant. Toutefois, son énergie, son activité surprenante, son courage infatigable, qui révélaient l'homme exceptionnel, trompaient tous ceux qui l'entouraient, et ses amis, les officiers, comme les matelots dont il était le père, étaient bien loin de s'attendre au malheur qui les menaçait.

« Pendant son séjour à Constantinople, particulièrement lors de sa réception par le Sultan, il étonna tout le monde par sa verve et son entrain, et jamais il n'avait été plus gai, et en apparence mieux portant. Aussi, quand le mal, faisant insensiblement des progrès, vint en mer ébranler cette existence si noble et si chère, l'état-major et l'équipage furent frappés comme par un coup de foudre.

« Fidèle aux principes religieux qui avaient été le guide de toute sa vie, l'amiral est mort en chrétien. Déjà, avant l'attaque de Kinburn, il s'était préparé à mourir; car, fier de penser qu'il pouvait tomber en servant son pays, en défendant son glorieux pavillon, il voulait que la mort ne le surprît pas. Dès qu'il se sentit menacé, il appela l'aumônier du *Montebello*, reçut de lui, en pleine connaissance, les derniers sacrements, et il rendit sa belle âme à Dieu, tout entier à sa femme, à ses enfants et à sa famille, dont il prévoyait la douleur, et sur laquelle il appelait les bénédictions du Ciel.

« Sa mort chrétienne a été digne de sa vie,

et il est resté jusqu'à sa dernière heure le modèle de l'homme de cœur et du bon citoyen. »

De grands et bien légitimes hommages ont
été rendus à l'amiral Bruat, mais personne ne
l'a loué en termes plus dignes et mieux sentis
que l'un de ses compagnons d'armes, le vice-
amiral Dubourdieu, qui reçut son corps à
Toulon. Écoutons ces nobles paroles :

« Messieurs, si un ancien frère d'armes et
un vieil ami de Bruat pouvait, en ce moment
solennel, parler au nom de notre arme, dans
laquelle il a fait un si grand vide, je dirais que
notre marine le pleure !

« La marine anglaise, dont il avait les
sympathies et le respect, s'associe à nos sentiments.

« Cette mort est un deuil public !

« Bruat emporte les regrets de l'Empereur
et de la France !

« La religion lui a donné ses sublimes secours, et cette grande âme si sincère, si élevée,
est dans la paix de Dieu. Il est mort en chrétien.

« Aux honneurs que nous lui rendons vont
se joindre les honneurs et les prières de l'Église.
Accompagnons respectueusement les restes de
ce grand marin. Que sa vie et sa mort demeu-
rent un enseignement et un exemple, comme
elles sont une gloire nationale ! »

CHAPITRE XVI.

LE MOIS DE MARIE DANS LES HOPITAUX DE
CONSTANTINOPLE. — LA FÊTE-DIEU.

Nous avons des lettres de Constantinople en date du 28 mai, disait le journal l'*Univers* dans son numéro du 7 juin 1855.

« Le *mois de mai* a été célébré dans quelques-uns des hôpitaux militaires de Constantinople avec une pieuse et régulière solennité, qui honore l'armée d'Orient. Nul doute aussi que les grâces et les bénédictions accordées à beaucoup d'âmes touchées et dociles ne se répandent sur l'armée toute entière et n'éclatent par quelque succès définitif.

« Dans les salles ou les chapelles de ces édifices qui, jusqu'à notre occupation, n'avaient que l'oratoire de la mosquée, un autel s'est élevé à Marie, et il a été décoré avec un goût qui prouve que chaque régiment a ses *artistes*. Là, des colonnes ont été sculptées comme par enchantement; ici les marbres les plus pré-

cieux ont été imités avec toutes leurs nuances.
Ces créations en papier ou en couleurs sont
le chef-d'œuvre de quelque blessé ou convalescent, qui consacre ainsi à la sainte Vierge ses
loisirs. Tel autre s'est rappelé qu'il avait été
longtemps élève de l'école des Beaux-Arts, et
il a demandé des crayons, il dessine une image
de saint : c'est un confesseur-pontife dont la
fête approche, et comme il est le patron de
M. l'aumônier, ce sera l'offrande de sa reconnaissance. La tête a bien la mître et le nimbe
de la sainteté ; mais l'auteur est un zouave, et
le type guerrier domine tellement dans ses con-
ceptions que le bienheureux évêque a l'air de
monter à l'assaut de Sébastopol.

Chaque maison a organisé aussi son chœur
de cantiques. Tous les musiciens et *les talents
de société* s'empressent d'y prendre place. Il se
trouve même parmi eux des compositeurs, et
leur chant à Marie est répété avec un harmo-
nieux ensemble par tous les camarades qui se
préparent avec soin pour la soirée. Lorsque les
Litanies de la sainte Vierge ont été chantées
avec les Sœurs, dont les voix se mêlent admirablement avec celles des militaires, l'aumônier, ou le confrère invité par lui, fait l'instruction du jour, qui est écoutée avidement par
l'auditoire pressé et recueilli. Quelquefois la
salle ne peut contenir la foule des auditeurs,
et de pauvres blessés s'y font porter une demi-

heure d'avance, pour être assurés de leur place. C'est le plus beau moment de la journée pour eux, et, au fond, la plus douce distraction dans un pays où tout leur est étranger et inconnu, à commencer par la langue, et où ils ne trouvent aucun des amusements de la France. Nous recommandons ce fait à l'attention des libres-penseurs qui ont encore l'air de critiquer la salutaire mesure du rétablissement des aumôniers dans l'armée. Hélas ! il est bien certain que le nombre déjà trop grand des victimes aurait été considérablement accru si le prêtre et la Sœur de Charité n'étaient là pour assister, consoler et fortifier. Tout le corps des médecins, à l'exception de quelques-uns encore égarés par les faux principes du matérialisme, s'accorde à reconnaître l'utile concours de ces nouveaux auxiliaires. D'ailleurs, comment refuser son approbation au plus pur dévouement qui, dans le détail sans fin des soins spirituels, consume si vite les vies les plus robustes et les plus précieuses ? Telles sont celles du jeune M. de Geslin, admiré par son zèle infatigable pendant les quelques mois de son nouveau ministère, et enlevé tout dernièrement par le typhus sous les murs de Sébastopol ; ou bien du R. P. Gloriot, modèle accompli de cet apostolat militaire, et qui, à la force de l'âge, nous a été ravi après quelques jours d'une maladie gagnée au chevet de nos soldats. »   16

Le même journal rapportait les détails suivants dans son numéro du 26 juin 1855 :

« Le gouvernement Turc, cette année comme les années dernières, a permis et protégé les processions publiques de la Fête-Dieu. Il a fait plus, il a voulu s'associer en quelque sorte officiellement à cet acte de notre religion.

« Le fait s'est passé à Bebek, village du Bosphore. Là se trouve le collège dirigé par les Missionnaires. Chaque année le Saint-Sacrement y était porté en triomphe au milieu du concours des fidèles auxquels se joignaient toujours un certain nombre de Musulmans, de Grecs et d'Arméniens, attirés par la nouveauté du spectacle. Les Grecs ont bien à la vérité leurs processions, mais seulement la nuit, et elles offrent, comme celle du Saint-Sépulcre à Jérusalem, le Samedi-Saint, le scandale d'une affreuse cohue que dirige et contient à grande peine le fouet des gendarmes turcs. Hors du catholicisme, il serait impossible de trouver en Orient une cérémonie religieuse de ce genre, convenablement ordonnée. Les Musulmans, frappés surtout de la vue et du parfum des fleurs qui parent les autels ou jonchent le sol en ce jour, l'appellent la *Fête des Roses*.

« Le progrès ou la transformation sociale que l'alliance politique de l'Occident opère dans la Turquie et surtout dans sa capitale, a engagé les catholiques à pousser cette année plus loin

que de coutume la marche de leur procession.
Il fut décidé que sur la place du village serait
élevé un reposoir militaire, représentant à la
fois l'armée française de la Crimée et le camp
voisin de Maslak. Quelques soldats du génie se
mirent complaisamment à l'œuvre et l'autel
fut dressé au milieu de deux beaux trophées
d'armes dont la composition et la forme, in-
connues dans le pays, piquèrent vivement la
curiosité. Sur un fond bleu de ciel où relui-
saient les fusils, les sabres et les bayonnettes,
de longues lettres aux couleurs nationales,
comme les tentures qui couvraient ou entouraient l'autel, laissaient lire, d'un côté, ces
mots : *Dieu protége la France*, et de l'autre :
Au Dieu des armées. Le chœur de cette chapelle improvisée sous l'ombrage de deux gi-
gantesques platanes, était formé par des fais-
ceaux de fusils entremêlés d'orangers.

« Le départ de nos troupes pour la Crimée
privait la procession de la musique militaire
qui l'aurait accompagnée. Mais, ajoute notre
correspondant, les catholiques pensèrent alors
à en demander une au Gouvernement local.
Ils s'adressèrent donc au grand-maître de l'artillerie, S. A. Fethi-Amed, directeur de l'important arsenal de Constantinople, qui, par
son active habileté, n'a cessé, depuis le commencement de la guerre, de pourvoir non-
seulement aux besoins de l'armée ottomane,

mais de subvenir aussi à ceux des alliés. Le Pacha accorda gracieusement sa musique, et, au grand étonnement de tous, elle jouait le lendemain en tête de la procession. Bel hommage des Musulmans qui a touché tous les cœurs chrétiens, et qui est d'un heureux augure pour l'avenir! Mais ce n'était pas tout ; l'officier ottoman du poste voisin était venu à la tête de sa compagnie, en armes et en grande tenue, pour servir d'escorte. Un piquet de nos artilleurs précédait cette troupe, et chacun admira l'ordre et le respect avec lesquels ils formèrent les uns et les autres leur haie parallèle aux côtés du clergé, qui alternait ses chants avec la musique. On ne distinguait les Musulmans qu'au moment de la bénédiction, où les nôtres posaient le genou en terre et présentaient les armes. Toute la foule témoignait un recueillement mêlé de satisfaction ; et quand pour la première fois, depuis la prise de Constantinople, le Dieu d'amour, voilé sous les espèces eucharistiques, apparut sur la grande place, les flots pressés des Turcs et des schismatiques s'écartèrent avec respect et lui cédèrent le pas, comme entraînés par sa force mystérieuse. Des Turcs et des Grecs ont été vus fléchissant le genou pour recevoir la bénédiction avec les catholiques. Une vieille religieuse arménienne, nonagénaire, bénissait Dieu d'avoir ménagé à ses derniers jours un spectacle aussi inattendu. »

CHAPITRE XVII.

L'ARMÉE D'ORIENT EN FRANCE ET A ROME.

Pendant que nos soldats se montraient aussi bons chrétiens que braves en face de l'ennemi, les prières de la France s'élevaient continuellement vers le Dieu des armées pour implorer la victoire. Cette assistance n'a point cessé. Partout les catholiques dignes de ce nom, ceux qui remplissent leurs devoirs religieux, demandent le succès de nos armes et une mort chrétienne pour les soldats qui doivent succomber. Nos évêques ordonnent des prières publiques dans leurs diocèses, et les fidèles non contents de s'unir de cœur aux recommandations des pontifes, s'industrient eux-mêmes, en quelque sorte, de toute façon, pour nous rendre le ciel favorable. C'est ainsi que dans le Midi, où la dévotion envers la bienheureuse Germaine Cousin est si vive, une association de dames pieuses distribue des médailles, qu'on donne à porter aux

16.

enfants pauvres, afin que dans les familles
on fasse une prière en commun pour les besoins
de l'armée. D'un côté de la médaille est re-
présentée la Vierge immaculée avec cette inscription : *Secours des chrétiens, obtenez la vic-*
toire à nos armées ; de l'autre est la bienheureuse Germaine avec cette devise : *Bienheureuse*
Germaine, priez pour nos soldats. Ces dames
ont fait frapper la même médaille avec les
mêmes invocations en langue anglaise. Déjà plus
de cent mille ont été distribuées en France ou
envoyées à l'armée. Mgr l'évêque de Carcassonne
a accordé quarante jours d'indulgence dans son
diocèse à ceux qui récitent ces deux prières.
On les fait imprimer à part et sur beaucoup de
maisons on les affiche à la porte, comme on
faisait pendant le choléra pour l'invocation à
Marie conçue sans péché. — On sait que la
bienheureuse Germaine est la dernière des
Bienheureux nés en France qui ait reçu sur la
terre les honneurs de la Béatification. — Le
vénérable curé de Notre-Dame-des-Victoires,
qui a déjà tant fait prier pour nos frères sur
le champ de bataille, qui le premier a établi
une neuvaine dans ce but, a voulu que cette
pieuse médaille se distribuât aussi dans nos
églises, et il l'a recommandée à l'auditoire qui
se presse chaque dimanche, à l'exercice du
soir, autour de la chaire et de l'autel de Marie.
— Le Ciel n'est pas resté sourd à ces suppli-

cations. Les victoires que compte notre armée
et l'esprit de foi dont elle est pénétrée en sont
une preuve éclatante. En voyant toutes ces
morts si chrétiennes, il faut reconnaître la puissance de la prière. Il y a deux ans, qui donc
aurait espéré des exemples si grands et si nombreux ? Le doigt de Dieu est là !

Cette sympathie ardente des cœurs chrétiens
pour nos soldats s'est montrée sous toutes les
formes. En même temps qu'ils priaient, les catholiques étaient les premiers à souscrire pour
envoyer des secours à notre armée. Et avec
quel empressement ils ont manifesté leur cordiale admiration à ceux de nos héros qui sont
rentrés en France ! Ceux-ci, de leur côté, ont
conservé l'esprit de l'armée d'Orient. Qu'ils le
conservent tous et toujours, ce sera leur salut
et celui de la patrie.

*
* *

« ..... On voit ici, écrivait-on de Marseille
aux *Annales du Bien*, beaucoup d'amputés qui
attendent leur admission aux Invalides ou le
règlement de leur pension. Ces braves sont
l'objet de la sympathie universelle. Hier au
soir, quatre jeunes soldats du 82ᵉ se prome-
naient ensemble, le plus âgé comptait à peine
vingt-trois ans ; deux d'entre eux étaient amputés d'un bras, le troisième d'une jambe et le
quatrième des deux jambes. Les trois premiers

étaient décorés de la médaille, le dernier de
la croix d'honneur ; les jambes de bois s'appuyaient sur les bras des deux manchots gaillardement. Chacun s'arrêtait sur leur passage
et les regardait longtemps. Je les suivis ; ils
entrèrent dans une église. J'y entrai moi-même
et je les vis avec émotion tirer de leurs poches
de petits livres et prier dévotement. Je n'avais
pas été moins ému quelques jours auparavant
en voyant deux zouaves en costume, agenouillés dans l'église de Saint-Martin et remerciant
Dieu d'avoir recouvré l'usage de leurs pieds
gelés en Crimée.

« Je continuai ma promenade, et j'arrivai
sur la colline Bonaparte, qui touche à la montagne de Notre-Dame-de-la-Garde, lieu de pèlerinage célèbre. Là m'attendait une autre touchante surprise. J'aperçus une dame jeune,
belle, élégante, qui montait nu-pieds, un cierge
à la main. Elle allait remercier la sainte
Vierge du salut de son mari, capitaine à l'ancien 7e léger, qui, atteint de dix blessures devant la tour Malakoff, était resté parmi les
morts. Les Russes, lui trouvant un reste de vie,
le rapportèrent dans la ville et grâce aux soins
qu'on lui prodigua, il est aujourd'hui complètement guéri. Il se loue avec effusion de tous
les égards que les Russes ont eu pour lui. Il dit
entre autres choses que, pendant sa convalescence, le général en chef Osten-Sacken le fit
servir de sa propre cuisine. »

*
* *

Un de nos amis de Lyon nous a raconté un
trait qui touchera nos lecteurs comme il nous
a touché nous-même. — Il était allé voir à la
campagne une de ses parentes qui le ramenait
à Lyon dans sa voiture, lorsqu'à plusieurs
lieues de la ville ils dépassèrent un soldat qui
marchait péniblement et paraissait exténué de
fatigue. Mme N... fit arrêter ses chevaux, et
adressant la parole au militaire, elle lui demanda où il allait, d'où il venait et s'il était
malade. « Je reviens de Crimée, répondit le
« soldat, je me rends à Lyon ; mais je suis
« rongé par la fièvre et je ne sais si je pourrai
« achever mon étape. » Mme N... fit aussitôt
monter le pauvre piéton dans sa voiture, lui
donna des soins, et quand on eut atteint Lyon,
quand on fut arrivé à la porte de l'hôpital, où
le soldat voulait s'arrêter : « Madame, dit-il,
« pénétré de gratitude, vous m'avez rendu un
« bien grand service, et je ne sais comment
« vous témoigner ma reconnaissance. Sans vous
« je serais peut-être mort sur la grande route.
« Tenez, je n'ai qu'une chose à laquelle je
« tiens beaucoup et qui m'a protégé à la guerre,
« c'est le Pape qui me l'a donnée à Rome ;
« mais vous avez été si bonne pour moi, que
« je vous prie de l'accepter. » Et le bon soldat, ouvrant sa capote, ôta d'autour de son

cou une médaille de la très-sainte Vierge suspendue à un cordon, et la présenta à sa charitable bienfaitrice.

L'expédition de Rome a été pour notre armée une source de bénédictions. Des milliers de soldats ont reçu, comme celui que nous venons de montrer, des mains même du Pape, une médaille qu'ils conservent précieusement et qui protège leur foi. Cette rénovation religieuse, qui a marqué d'un si noble caractère l'armée de Crimée, avait, sans doute, été préparée par de bonnes œuvres établies en France; mais on doit particulièrement lui donner pour date l'occupation de Rome.

*
* *

Laurent, sergent au 2ᵉ régiment des voltigeurs de la garde, est un des heureux de la journée du 8 septembre; il n'y a perdu qu'une partie de la figure. Donnons une courte biographie de ce soldat chrétien :

« Après avoir servi sept ans dans les zouaves, en Afrique, il s'est engagé pour exempter son frère du service. Il entra dans un régiment dirigé sur Rome. A peine arrivé dans la ville éternelle, il se convertit et devient un véritable apôtre des soldats. L'œuvre des réunions et des écoles du soir n'a pas de membre plus assidu; il recrute bon nombre de ses camarades qu'il

conduit à ces écoles, et pratique ostensiblement
ses devoirs de chrétien. Nous l'avons vu à Versailles, distribuant des médailles de la sainte
Vierge, secondant de son zèle quelques personnes pieuses pour toutes les œuvres où il
leur plaisait de l'employer, et amenant ses
amis au confessionnal. Il a une dévotion particulière pour la sainte Vierge et destine à l'en-
tretien de ses autels le prix de ses galons de
sergent.

« Au mois de janvier 1855, Laurent fut envoyé en Orient; il partit bien résolu de monter
des premiers à l'assaut de Sébastopol, si l'on
faisait donner son régiment. On a reçu de lui
pendant son séjour en Crimée, des lettres fort
édifiantes. Elles sont adressées à ces personnes
pieuses de Versailles, dont il s'est fait autant
de parents spirituels. Il n'a cessé d'envoyer sa
souscription pour l'ornementation de l'autel
de la sainte Vierge (sa petite pièce de 5 francs
en or était cachée sous le cachet de ses lettres).

« Il était à l'assaut de la tour Malakoff. Il a
reçu là une blessure grave; une balle lui a fracassé la mâchoire et fait sauter plusieurs dents.
Il a fallu l'opérer.

« La lettre où il annonce sa blessure commence par ces mots : « *Alleluia!* je suis blessé!..... »

Rapportons un autre fait :

« Un soldat, qui s'était converti à Rome et

dont le temps de service allait finir, suivait
les exercices de l'Œuvre des militaires. Ayant
appris qu'un des jeunes gens qui donnaient
leurs soins à cette Œuvre était tombé au sort,
il partit à sa place en lui disant : « Je ne vous
« demande qu'une chose, c'est de continuer à
« vous occuper de l'ami des soldats. Il est pré-
« sentement en Orient. »

I.

L'*Univers* a publié la note suivante dans
son numéro du 15 octobre 1855 :

« Une cérémonie bien touchante réunissait
aujourd'hui dans la chapelle de l'Ecole-Mili-
taire une nombreuse assistance. Les officiers
du bataillon de chasseurs à pied de la garde
impériale faisaient célébrer un service funèbre
pour le repos de l'âme de M. de Cornulier-Lucinière, chef de bataillon ; de MM. les capitaines
et lieutenants de Gaullier de la Grandière, Bois-
sié, Pelletier, Paquin, et des sous-officiers et
chasseurs morts glorieusement le 8 septembre
sur la brèche de Malakoff. Tous les corps de
la garde et de l'armée, auxquels s'étaient joints
les parents et amis de ces généreuses victimes,
étaient représentés à la cérémonie. M. le général comte de Montébello avec son chef d'état-
major ; M. le général Ulrich, qui naguère commandait une brigade de la garde en Crimée ;
M. le marquis de Cramayel, sénateur ; M. le

colonel d'état-major commandant militaire des Tuileries, et la plupart des officiers supérieurs d'infanterie, de cavalerie et d'artillerie de la garde imperiale assistaient au service. Près du catafalque se faisaient remarquer un certain nombre de chasseurs blessés, de retour depuis peu de Sébastopol, et sur le visage desquels perçait, malgré la tristesse de tant de pertes cruelles, le légitime orgueil du devoir accompli avec un dévouement, une persévérance et un héroïsme qui ne seront point surpassés. En quittant la chapelle, chacun se disait que jamais la religion et la France n'avaient eu à s'enorgueillir d'une pareille armée, d'une armée qui a su se montrer aussi chrétienne que nationale, aussi vaillante que bien disciplinée. »

De pareilles cérémonies ont eu lieu dans un grand nombre de villes sur la demande des officiers restés en France avec le dépôt du régiment. Tous ont demandé à l'Église de prier et ont prié avec elle pour leurs frères morts en Crimée. Les journaux ont rapporté ces touchantes et nobles manifestations dictées par l'affection, l'admiration et la foi. Partout le public s'est joint, en grand nombre, aux officiers et soldats pour honorer avec eux ces victimes du devoir.

NN. SS. les Évêques n'avaient point attendu ces manifestations des corps d'officiers pour faire célébrer des services funèbres, afin de prier le Dieu de toute justice et de toute miséricorde de recevoir dans sa grâce les âmes de nos héroïques soldats. L'Église n'oublie jamais ceux qui combattent et meurent pour la patrie. Dès les premiers mois de l'année 1855, M. l'abbé Desgenettes, curé de Notre-Dame-des-Victoires, à Paris, établissait une neuvaine de messes et une association de prières pour nos soldats. Un aumônier de l'armée de Crimée écrivait à ce sujet à un de nos amis :

« Si vous trouviez l'occasion de voir M. le curé de Notre-Dame-des-Victoires ou de lui écrire, dites-lui combien, pour ma part (dites-le-lui au nom de bien d'autres aussi), je suis heureux de cette association de prières (à laquelle je songeais depuis longtemps) pour l'armée d'Orient. C'était bien nécessaire, et je ne doute pas un seul instant de tous les bons résultats qu'elle produira. »

Cette œuvre existe partout maintenant.

*
* *

Nous ne pouvons mentionner, même par un seul mot, les cérémonies funèbres qui ont été célébrées pour nos morts de l'armée d'Orient. Nous avons fait une première exception quand il s'agissait de la cérémonie de l'École-Militaire, faisons en une seconde pour un service funèbre qui a eu lieu dans une chapelle de religieuses cloîtrées. C'est le *Journal de Maine-et-Loire* (Angers), qui nous fournit ces détails :

« Tout le monde a lu avec attendrissement les paroles qu'a prononcées le maréchal Pélissier sur la tombe de son aide-de-camp, le colonel Cassaigne, du corps d'état-major, qu'il *aimait comme son enfant*. L'éloge décerné à sa haute capacité militaire et à ses éminentes qualités, qui en faisaient un des ornements de l'armée, cet éloge a retenti parmi nous dans plus d'un cœur, et y a fait vibrer avec une douloureuse énergie le sentiment d'une vieille amitié. L'un des anciens amis de Cassaigne, aujourd'hui prêtre, qui a été à même d'apprécier sa bonté, son aménité, l'exquise délicatesse de son cœur, la sincérité de sa foi, a voulu payer à sa mémoire le tribut de ses regrets et de ses prières, en célébrant lui-même, mardi dernier, dans la chapelle des Augustines d'Angers, une messe funèbre. Elle a été chantée par le clergé paroissial de Saint-Joseph et par plusieurs ecclésiastiques, empressés de s'associer à la pensée qui les avait convoqués.

« Au *Dies iræ*, les voix des religieuses alternaient avec celles du chœur. Lorsque ces saintes filles de la solitude et du dévouement élevaient jusqu'aux voûtes de leur gracieuse chapelle les cris de terreur et d'espérance renfermés dans la prose des Morts, on se sentait

ému d'un pieux et reconnaissant souvenir.
« Là-bas, se disait-on en soi-même, il y a des
« Sœurs de Charité qui prodiguent leurs soins
« et leur vie à nos soldats blessés. Ici, d'autres
« Sœurs, animées du même esprit de foi et de
« sacrifice, continuent, achèvent l'œuvre com-
« mencée dans les ambulances et dans les hô-
« pitaux, en répandant au pied de l'autel des
« vœux et des prières pour les braves qui ne
« sont plus. Sublime et touchante mission! »

II.

L'*Univers* disait dans son numéro du 25 septembre 1855 :

«Nous avons des lettres de Rome du 20 septembre. La chute de Sébastopol a été célébrée
le 18 par un *Te Deum* solennel à Saint-Louis-
des-Français. Ça été une cérémonie belle et
vraiment nationale. L'église avait été élégamment et richement décorée. M. l'ambassadeur
de France, avec le nombreux personnel de
l'ambassade, auquel s'était joint le personnel
de la légation sarde ; M. le général commandant la division, M. le général de brigade, commandant de place, tous les officiers supérieurs
et officiers de l'armée, plusieurs compagnies
d'élite et des députations de tous les corps, le
directeur et les élèves de l'Académie impériale,
presque tous les Français domiciliés ou de pas-

sage à Rome formaient la partie militaire et civile de l'assistance.

« Le clergé n'avait pas été moins empressé de s'associer à cette manifestation. En l'absence de Mgr Level, supérieur de Saint-Louis, parti récemment pour un pèlerinage à Jérusalem, M. l'abbé Figarella, qui le remplace, était à la tête du corps des chapelains, auquel s'étaient joints tous les recteurs des églises françaises de Rome et plusieurs autres ecclésiastiques, tous en habit de chœur. Dans la grande nef, et mêlés au reste de l'assistance, on remarquait un grand nombre de membres de notre clergé ; plusieurs ordres religieux de Rome y avaient députe les membres français qu'ils renferment, et aujourd'hui l'on peut dire qu'il y a peu de couvents à Rome où l'on ne trouve quelques religieux français. Dans quelques-uns même, notre armée de Rome a des sous-officiers ou de simples soldats qui ont échangé l'uniforme militaire contre l'habit religieux, et qui portent ce dernier avec la même discipline qu'ils portaient le premier. Après avoir pratiqué toutes les vertus du soldat, ils pratiquent avec le même zèle les vertus du religieux. Les Dominicains de Sainte-Sabine et les Bénédictins de Saint-Paul peuvent dire si notre témoignage manque de vérité. Nos communautés religieuses, si multipliées maintenant à Rome, occupaient une large place dans cette cérémonie. En y voyant les Filles de Saint-Vincent-de-Paul, on songeait involontairement au noble dévouement qui les a portées dans les hôpitaux de l'armée d'Orient ; aussi braves que nos soldats, elles ont aussi donné leur vie pour le service de la patrie et de l'Église. La même réflexion se présentait à la vue des PP. Jésuites, et le souvenir de leur héroïque dévouement sur les champs de batailles et dans les hôpitaux provoquait la reconnaissance et l'admiration.

* *

Après avoir fêté la victoire on pria pour les morts. Citons encore l'*Univers :*

« Des lettres de Rome, en date du 13 octobre, nous apprennent qu'un service funèbre avait été célébré ce jour même, à neuf heures du matin, pour tous les officiers et soldats morts en Crimée qui ont appartenu à l'armée d'occupation de Rome. Deux autres services avaient déjà été célébrés ; le premier pour toutes les victimes de la guerre d'Orient, le second pour le général de Pontevès. Aucun n'avait le but de ce troisième, destiné spécialement à honorer la mémoire et à secourir l'âme de tous ceux qui, avant de verser leur sang sur la terre de Crimée et sur les remparts de Sébastopol, l'avaient déjà offert à l'Église dans les rangs de l'armée d'Italie. C'est une pensée de reconnaissance et de sympathie qui a inspiré cette touchante manifestation, et ce qui en double le prix et l'intérêt, c'est qu'elle est sortie du cœur du Souverain-Pontife. C'est Pie IX qui a voulu que tous ceux qui ont servi la papauté dans le siége ou dans l'occupation de Rome, et qui ensuite ont succombé dans les travaux ou dans les combats de l'Orient, reçussent ce témoignage public de ses sentiments pour eux. Avant même d'ordonner cette cérémonie, qui a eu lieu à Saint-Marcel, paroisse du commandement de la place de Rome, le Pape avait déjà offert lui-même bien souvent, et fait offrir par ses prêtres le saint sacrifice de la messe pour ces âmes dont le souvenir lui est si cher. C'est lui-même qui le déclarait naguère, en ordonnant les préparatifs du service de Saint-Marcel. En outre du service solennel du 13 octobre, un grand nombre de messes basses ont été célébrées dans la même église pendant toute la matinée à la même intention et par les ordres et aux frais du Saint-Père, comme le service.

« Quoiqu'aucune invitation n'eût été faite et que la cérémonie eût été annoncée par un simple avis du *Journal de Rome,* une nombreuse assistance s'est associée à la pensée du Saint-Père et est allée prier pour tant de nobles cœurs qu'on avait connus à Rome, qu'on y avait aimés et que l'on pleure maintenant. Le

nombre des soldats de l'armée d'Orient qui
ont fait partie des troupes d'occupation de
Rome est immense. Dix ou douze régiments au
moins ont vu l'Italie avant d'aller en Crimée.
Qu'on juge du nombre de morts qu'ils ont
dû fournir, d'autant mieux que, parmi les régiments les plus maltraités, se trouve l'ancien
21e léger, parti de Rome il n'y a pas longtemps. On raconte que lorsque les officiers de
ce régiment allèrent prendre congé du Saint-
Père et recevoir une dernière bénédiction,
Pie IX s'attendrit beaucoup à la pensée des
dangers qu'ils allaient courir, et qu'il ne pût
s'empêcher de laisser voir ce sentiment, qui
toucha profondément ces braves militaires.
Quatre des généraux qui sont tombés sous les
murs de Sébastopol avaient auparavant eu des
commandements à Rome. Voici leurs noms
glorieux : Brunet, de Pontevès, Saint-Pol et
de Marolles. La mémoire de ces noms est encore vivante à Rome. Personne surtout n'a
pu oublier le général de Pontevès, dont les
vertus et le dévouement au Saint-Siége ont
été si parfaitement appréciés. Nous pouvons
aujourd'hui donner une nouvelle preuve de la
haute estime dans laquelle est resté à Rome
le nom de ce brave et pieux officier et des regrets que sa mort y a causés. Un des prélats attachés à la personne du Saint-Père, qui était
lié avec le général, n'a pas cru que la céré-

monie collective de Saint-Louis fût suffisante
pour témoigner dignement les sentiments d'estime et de pieuse sympathie que s'était acquis
le défunt, il a fait célébrer une messe solennelle de *Requiem* pour le repos de son âme,
dans l'église de Saint-Marcel, paroisse du pa-
lais que le général habitait comme commandant de la place de Rome. Quoique cette cérémonie eût un caractère tout à fait privé et
qu'aucune invitation n'eût été faite, une assistance nombreuse et distinguée s'y était néanmoins rendue. On y remarquait M. l'ambassadeur, un grand nombre d'officiers supérieurs
et subalternes, des membres du clergé, de
simples soldats, et mêmes quelques ouvriers,
dont le charitable général s'était montré le
protecteur et le soutien. Les prières qui s'y
sont faites sortaient de cœurs inspirés par l'a-
mitié ou par la reconnaissance, et nul doute
qu'elles n'aient touché le cœur de Dieu et contribué au soulagement d'une âme qui vivait
dans la pratique des devoirs religieux, et qui
a quitté la terre avec une confiance et une
paix dont Dieu seul était la source. »

Le R. P. de Damas a vu en Orient trois de
ces généraux. Voici le souvenir qu'il leur consacre dans sa *neuvième lettre* :

« ... Le général de Marolles lutte comme un
lion à la tête de ses grenadiers et tombe percé
de mille balles. C'est bien lui qui me disait peu

17.

de temps avant ce grand événement : — « J'ai quitté la France sans regret. J'ai eu le malheur de perdre ma femme. Elle est heureuse dans le sein de Dieu. Ma fille unique n'a pas besoin de moi ; elle est admirablement élevée par sa grand'mère, et la haute position de son grand père assure son avenir. Je ne suis donc nécessaire à personne ; si je meurs, ce revers n'atteindra que moi : ainsi je puis et je dois donner ma vie pour mon pays ! »

« Et puis c'est le général de Saint-Pol, âgé de deux ans de moins que M. de Marolles, qui tombe à quarante-cinq ans, frappé d'une balle en pleine poitrine. Nous étions venus ensemble, l'année dernière, de Malte en Crimée. — « Je ne suis pas marié, me disait-il en parlant des chances de l'avenir. Je suis jeune encore et je crains la vieillesse. Trop souvent les vieillards sont à charge à ceux qui les entourent. Aussi ai-je sollicité mon envoi en Crimée. Je demande à Dieu d'y servir aussi longtemps que mon épée sera utile à la France. Ensuite je serai heureux de mourir sur le champ des braves avant que ma vie soit devenue inutile. »

« A son tour, le général de Pontevès va payer le noble tribut de son dévouement au pays. Deux balles lui ont traversé la poitrine, et un éclat d'obus lui a fracassé l'épaule. Issu d'une des plus illustres familles de Provence, frère du duc de Sabran, jeune encore et pouvant prétendre à de hautes faveurs, il regarde la mort sans effroi. Il tourne ses regards du côté de la religion, à laquelle, pendant sa vie entière, il avait demandé sa force et son courage ; ensuite il donne ses ordres pour le règlement de ses affaires ; et son dernier souvenir et son dernier présent sont pour sa paroisse et pour les pauvres de son pays. »

En songeant à ces grands exemples on se rappelle comme un gage d'espoir pour l'avenir, cette parole de Joseph de Maistre : « Ce qu'il faut à la France, ce sont des gens braves et de braves gens. »

CHAPITRE XVIII.

FIN DE LA CAMPAGNE DE 1855.

Pendant que l'on imprimait ce volume bien des faits semblables à ceux qui le remplissent se sont produits; j'en recueille quelques-uns.

La France, on le sait, a fêté par de solennelles démonstrations l'anniversaire de la proclamation du dogme de l'Immaculée-Conception. Deux villes, Lyon et Marseille, se sont particulièrement distinguées par l'éclat et l'unanimité de leurs hommages à « Marie conçue sans péché. » Enregistrons ici deux épisodes de leurs fêtes :

« Entre toutes les décorations, disait la *Gazette de Lyon*, dans son numéro du 10 décembre, il en est une qui causait de véritables attroupements.

« Sous un triple portique, la statue de la Vierge apparaît au fond d'une sorte d'avenue plantée des arbustes les plus variés. Ce riant parterre est émaillé de fleurs à travers lesquelles brillent de longues lames d'acier, des cuirasses que la balle a faussées, mais qu'elle n'a pu entamer, des trophées d'armes offensives et défensives, des pierriers de cuivre penchés sur leur affût et ouvrant une gueule menaçante à côté de piles de boulets dont l'aspect n'est pas non plus très-enjoué.

« Étrange au premier abord, ce spectacle finissait par enchaîner la foule des passants curieux et pressés ; ils ne pouvaient s'en détacher, et il fallait qu'un flot emportât un autre flot, pour que le courant de têtes humaines pût s'établir sur ce point resserré.

« La curiosité était pour beaucoup, sans doute, dans cet empressement de la multitude à voir la chapelle dressée par la gendarmerie, sous la principale entrée de sa caserne ; mais il y avait autre chose. Au-dessus de l'instinct naturel et vulgaire, nous avons retrouvé le sentiment d'une grande idée éminemment populaire, exprimée avec autant de naïveté que de bonheur sur les parois du petit sanctuaire guerrier : l'idée patriotique de la gloire de nos armes méritée par l'intercession de Celle à qui Louis XIII a confié, par un vœu solennel et spécial, les destinées et les intérêts de la France.

« Cette idée était ainsi exprimée sur deux transparents à droite et à gauche de la protectrice de la France :

MALAKOFF. — SÉBASTOPOL.
8 SEPTEMBRE 1855.

BOMARSUND. — TRAKTIR.
15 ET 16 AOUT 1854 ET 1855.

Voici maintenant quelques lignes empruntées au *Courrier de Marseille :*

« Nous devons citer un fait bien touchant :
Sur le cours Bonaparte, on a remarqué que la
statue de la Vierge était portée par quatre
zouaves. Ces braves militaires, venus il y a
quelque temps de Crimée, où ils ont combattu
à l'Alma, à Inkermann, à Malakoff et à Sébastopol, s'embarquent de nouveau aujourd'hui
(10 décembre) pour se rendre en Orient. Avant
de quitter la France pour aller au loin soutenir
l'honneur de nos armes, ils ont voulu rendre
à la sainte Vierge ce pieux hommage qui n'é-
tonnera personne, car on sait que les sentiments religieux égalent chez nos soldats leur
patriotisme et leur courage. En déposant ce
pieux fardeau, ces braves militaires se sont
prosternés aux pieds de l'évêque pour recevoir
sa bénédiction, que Monseigneur leur a donnée
avec une affectueuse tendresse et une vive émotion. »

Une malheureuse explosion eut lieu dans
le courant de novembre 1855, dans l'un de
nos camps ; elle détruisit une partie de notre

parc d'artillerie à Inkermann, et coûta la vie à plusieurs soldats. L'un d'eux avait été blessé très-dangereusement et tout espoir de le sauver était perdu. Voyant qu'il ne lui restait plus que quelques heures à vivre, il écrivit d'une main tremblante à sa mère, qui habite Brest, une lettre qui a été communiquée au *Messager de la Charité*. La voici :

« Ma pauvre mère,

« Je prie Dieu qu'il vous donne la force d'apprendre une bien triste nouvelle. Je viens d'être blessé très-dangereusement dans l'explosion des magasins d'Inkermann. Je n'en échapperai pas, le chirurgien me l'a assuré. Ne vous désolez pas trop, je meurs, je vous quitte maintenant, mais plus tard nous nous retrouverons dans les cieux auprès de mon père, dont la mort fut touchante, et que je cherche à imiter. J'ai dit que l'on m'envoie un prêtre. Je vais bientôt entendre sa parole divine et inspirée ; je vais bientôt confesser des fautes que j'ai commises et qui, à cette heure dernière, me paraissent plus graves encore. Je vais mourir maintenant, sois en sûre, je vais mourir en pensant à toi ; je verrai ton image adorée se pencher sur mon lit de douleur, me consoler, me donner le baiser d'adieu.

« Adieu, ma tendre mère, adieu pour toujours !...

« EMILE F.... »

Il faut rapprocher de cette lettre si touchante quelques lignes adressées également
par un de nos soldats à sa mère. Celui-là n'é-
tait pas blessé. Comme tant d'autres, il avait
oublié depuis longtems ses devoirs envers
Dieu ; mais la foi était rentrée dans son âme
en assistant à la messe. Laissons-le parler :

« Soyez assuré que moi, pauvre soldat, enfant de la guerre, je ramenais ma pensée vers
Dieu, et que, dans ce court espace de temps,
ma jeunesse, ma vie passée, les leçons de ma
bonne vieille mère, les sages conseils du brave
curé qui m'avait fait faire ma première communion, tout cela fut présent à ma pensée ;
et d'un demi-païen que j'étais dix minutes
avant, j'étais devenu le disciple dévoué d'une
religion qui fait de tels miracles et qui donne
au cœur de si douces espérances et de telles
consolations. Depuis lors, tous les dimanches
une pareille messe se dit ; je me fais un cas
de conscience d'y assister ; je crois valoir
mieux comme homme et comme soldat en
sortant de là ; car je me dis : ma mère prie
pour moi ; aujourd'hui, moi je paie ma dette
aussi, car je prie pour elle.

« La prière du soldat qui peut-être sera

mort demain, et qui, sans s'occuper de lui, demande à Dieu du bonheur pour sa vieille mère, qui n'a plus que lui pour consolation, doit monter au ciel tout droit.

« En sortant de là, je marche gaîment à la tranchée ou au combat, en me disant : En avant, ta mère prie pour toi et Dieu veille sur toi ! »

I.

Voici un trait charmant dont le *Courrier des Alpes* garantit la parfaite authenticité, et qui d'ailleurs est trop conforme à la délicate et paternelle bonté de S. S. Pie IX, ainsi qu'à la franchise de nos braves soldats pour ne pas être vrai.

« Il y a quelques mois, un soldat de l'armée d'Orient, écrivant à un des soldats de l'armée française en garnison à Rome, lui faisait le tableau le plus triste des privations et des fatigues qu'ils enduraient, des dangers auxquels ils étaient exposés et des ravages que les maladies et les boulets russes faisaient dans leurs rangs ; et il terminait sa lettre en lui recommandant de porter sans délai au Pape lui-même *une messe* pour la conservation de l'armée française.

« Fidèle à la recommandation de son ami, le correspondant de Rome se rend dès le lendemain même au Vatican, et prie le premier garde qui se présente à lui de le conduire auprès du Souverain-Pontife.

« Mais, mon brave, lui répond le garde, avez-vous obtenu préalablement une audience? — Tout cela, reprend le soldat, est bon pour les grands seigneurs, mais avec un simple troupier il n'y a pas tant de cérémonies à faire.

« Le garde ne voulait pas transiger sur le cérémonial ; le soldat, de son côté, paraissait si peu disposé à s'y soumettre qu'il fallût le conduire chez le prélat introducteur. Là, mêmes observations d'une part et mêmes instances de l'autre. Enfin, désespérant d'avoir raison de l'opiniâtreté de l'impatient visiteur, le prélat va l'annoncer à Sa Sainteté. Comme on le pense bien, la curiosité de Pie IX fut vivement excitée par la qualité et le sans-gêne du personnage en question. Tant est que le soldat fut immédiatement introduit, et l'étiquette du Vatican mise de côté.

« Arrivé en face de Sa Sainteté, notre homme s'arrête droit comme un pieu ; puis, après lui avoir fait le salut militaire en portant la main au front, il lui adresse les paroles suivantes dans la même forme que s'il eût parlé au lieutenant de sa compagnie :

« Mon Pape, voici une lettre d'un cama-marade de la Crimée qui vous concerne ; veuillez en prendre lecture, et me dire ce qu'il faudra lui répondre. » En même temps il tendait au Souverain-Pontife, d'une main, la lettre de son ami, et de l'autre, quelques pièces de monnaie. Le Pape prend la lettre, et après l'avoir lue, il la restitue au soldat en lui disant :

« Mon ami, ma messe de demain a une destination invariable, mais après demain, sans faute, j'en dirai une avec plaisir pour cette grande armée française. Toutefois, j'y mets une condition, c'est que vous viendrez y assister, et que vous vous disposerez à y recevoir la sainte communion. Quant à la rétribution que vous offrez, gardez-là pour boire à la santé de vos braves frères d'armes. » — Cela suffit mon Pape, répond notre visiteur, je vais de ce pas me préparer à faire une petite revue avec l'aumônier du régiment, et après demain, à l'heure dite, je serai au poste. — Là-dessus, il porte de nouveau la main au front, fait un demi-tour à droite et se retire, laissant Sa Sainteté charmée de cette *rondeur* militaire.

En effet, le surlendemain, ce soldat, aussi bon chrétien qu'ami dévoué, assistait à la messe du Souverain Pontife et avait le bonheur de communier de sa main. »

II.

Le maréchal Pélissier a établi son quartier-général à Kamiesch. L'Église a pris possession, comme notre armée, de cette terre conquise sur une puissance schismatique. Le 4 décembre, on écrivait de la nouvelle ville française au journal de Constantinople, la *Presse d'Orient* :

« Dimanche, nous avons inauguré notre chapelle. Cette solennité a eu lieu avec toute la pompe désirable. M. le général Sol, commandant supérieur de Kamiesch, avait pris des mesures pour donner tout l'éclat possible à cette intéressante cérémonie. Chacun a secondé ses vues de son mieux. Les habitants de Kamiesch ont déjà l'orgueil du clocher, car nous avons un clocher et nous aurons une cloche ; chacun a voulu assister à la fête qui complétait la fondation sommaire de notre ville.

« A onze heures et demie, le général Sol est sorti de la cour de la gendarmerie et s'est dirigé, entre une haie de soldats, vers la Place-Neuve, où s'élève notre modeste église. Derrière le maréchal marchaient son état-major, le commandant du génie, le capitaine Potié, commandant la gendarmerie ; M. Racanié, président du conseil des prud'hommes ; les membres du conseil, l'architecte communal et les employés de l'administration civile. Un grand nombre d'officiers de la garnison, des corps environnants et de la flotte s'étaient joints à l'état-major du général. A la porte de l'église se tenaient les gendarmes, et le pourtour de la place était garni par un bataillon du 64e.

« M. le curé de Kamiesch a dignement compris son rôle. La consécration religieuse terminée, M. l'abbé de Reinach, avant de célébrer l'office divin, a adressé à l'auditoire une allocution bien sentie; il s'est élevé jusqu'à de véritables mouvements d'éloquence quand il a tracé le rôle de la religion dans la guerre qui a poussé nos troupes en Crimée. N'est-ce pas, en effet, un véritable événement que l'érection d'une église française, dans une ville française, sur le sol de la Russie? Le prédicateur a développé ce thème avec talent : il a été écouté avec émotion et recueillement. Pendant la cérémonie, la belle musique du 94e a exécuté ses plus beaux morceaux. »

Tandis que les troupes restées en face de l'ennemi prenaient leur quartier d'hiver à Kamiesch, au camp de Traktir, à Inkermann, sur les bords de la Tchernaïa, à Eupatoria et à Kinburn, au milieu des glaces, plusieurs de nos régiments de Crimée réduits par deux années de guerre, rentraient en France; ils étaient acclamés partout, et Paris, si frondeur d'ordinaire, se mettait au premier rang par l'élan de son enthousiasme. L'Empereur remerciait ces héros en leur faisant entrevoir de nouveaux périls. Voici son discours :

« Soldats,

« Je viens au devant de vous, comme autrefois le Sénat romain allait aux portes de Rome au devant de ses légions victorieuses. Je viens vous dire que vous avez bien mérité de la patrie.

« Mon émotion est grande, car au bonheur de vous revoir se mêlent de douloureux regrets pour ceux qui ne sont plus et un profond chagrin de n'avoir pu moi-même vous conduire au combat.

« Soldats de la garde, comme soldats de la ligne, soyez les bien-venus.

« Vous représentez tous cette armée d'Orient dont le courage et la persévérance ont de nouveau illustré nos aigles et reconquis à la France le rang qui lui est dû.

« La patrie, attentive à tout ce qui s'accomplit en Orient, vous accueille avec d'autant plus d'orgueil qu'elle mesure vos efforts à la résistance opiniâtre de l'ennemi.

« Je vous ai rappelés, quoique la guerre ne soit pas terminée, parce qu'il est juste de remplacer à leur tour les régiments qui ont le plus souffert. Chacun pourra ainsi aller prendre sa part de gloire, et le pays, qui entretient six cent mille soldats, a intérêt à ce qu'il y ait maintenant en France une armée nombreuse et aguerrie, prête à se porter où le besoin l'exige.

« Gardez donc soigneusement les habitudes de la guerre, fortifiez-vous dans l'expérience acquise ; tenez-vous prêts à répondre, s'il le faut, à mon appel ; mais en ce jour oubliez les épreuves de la vie du soldat, remerciez Dieu de vous avoir épargnés, et marchez fièrement au milieu de vos frères d'armes et de vos concitoyens, dont les acclamations vous attendent. »

Comme l'a dit le *Moniteur*, « toutes les classes de la population s'étaient associées à cette fête patriotique. La ville entière s'était portée au devant de nos soldats victorieux pour les acclamer au nom de la France. Les rues, les boulevards, les places que devaient traverser les troupes, et toutes les rues avoisinantes étaient ornées d'emblèmes significatifs, et brillamment pavoisées. »

Nous ne voudrions pas terminer ces récits, qui nous montrent les triomphes de l'Église et de la France, par des paroles où l'on pourrait voir une pensée de reproche ou de crainte. Mais qu'il nous soit permis d'exprimer un désir. Le service de l'aumônerie de l'armée n'a pas reçu la force d'organisation et les développements nécessaires. Les prêtres attachés aux différentes divisions ne peuvent suffire à l'étendue de leur tâche. Les vides n'ont été comblés ni assez vite, ni assez largement. Aux morts que nous avons enregistrées dans un des chapitres de ce volume, il faut en ajouter d'autres, notamment celle de l'abbé Gauthier, emporté en quelques heures par le choléra.

Le zèle qui a porté de vénérables prêtres à braver les privations et les dangers pour prodiguer les soins de leur ministère aux hommes de bonne volonté a pu seul les soutenir pendant ces rudes campagnes; mais le zèle, tout en opérant des prodiges, ne fait pas des miracles continuels et n'empêche pas que, succombant à la fin, on ne meure martyr de la charité. Il y a là des besoins et des intérêts qui doivent attirer toute l'attention du gouvernement.

Concluons par quelques lignes empruntées au journal qui nous a fourni une grande partie des documents qui forment ce volume :

« Ces idées de sang, de violence et de carnage qu'éveille le seul nom de la guerre, présentent en même temps à l'esprit les hommes qui font la guerre sous je ne sais quel aspect de hardiesse dure et farouche; comme des hommes qui, méprisant leur propre vie, font peu de cas de la vie des autres et moins encore de leurs souffrances; ayant en quelque sorte rompu avec la compassion, au moins pour le temps que durera le terrible hasard où ils sont engagés. Mais au contraire, la composition excellente de l'armée française y développe et fortifie ces sentiments tendres et affectueux que devraient naturellement bannir les habitudes et les nécessités de la vie militaire. L'homme se trouve là placé entre deux familles, celle du drapeau, qui l'entoure, on sait avec quels soins ou plutôt avec quelle tendresse; et sa famille à lui, la famille absente, mais dont son cœur ne s'est pas séparé. Il reste fils, père, époux, citoyen en même temps que soldat. Sous ces regards affectueux, qui de près et de loin sont une exhortation continuelle au devoir, et la plus pressante de toutes, sans rien perdre de son énergie, il est naturellement doux, modéré, patient, charitable enfin. Car de toutes ces vertus nées du Calvaire, qui ont formé le monde chrétien et qui le pénètrent encore même après que les principes du christianisme y ont souffert plus d'affaiblissement, la plus essentielle, la charité est aussi la plus résistante. Elle est, on peut le dire, dans le sang chrétien, et par excellence (le monde en a la preuve) dans le sang français. C'est là le titre éclatant de la France à ce glorieux droit d'aînesse qu'elle revendique entre les nations ; elle le met dans les plis de son drapeau, comme autrefois des évêques y mirent l'Eucharistie ; elle le fait déployer jusque sur les champs de bataille par les mains non-seulement de ses

Sœurs de Charité, mais de ses soldats, qui deviennent aisément les infirmiers attentifs de leurs frères malades, qui vont jusque sous les balles, comme on les vit à Inkermann, relever les propres mourants de l'ennemi, et qui ne se trouvent pas assez las, le soir d'un jour de bataille, pour refuser l'assistance aux blessés et la sépulture aux morts. Si le christianisme pouvait périr, la charité serait son dernier parfum sur la terre ; et il est permis de croire que cette noble fleur de l'Évangile enfoncerait ses dernières racines et prendrait sa dernière sève dans le sol qui, deux cents ans après la mort de saint Vincent de Paul, soixante après le règne de Robespierre, compte par milliers ses Sœurs de Charité et peut, sans s'appauvrir, en fournir toutes les nations du monde (1).

---

(1) *Univers* du 18 décembre 1855. Article de M. Louis Veuillot

TABLE DES MATIÈRES.

FIN DE LA TABLE.

www.ingramcontent.com/pod-product-compliance
Lightning Source LLC
Chambersburg PA
CBHW050503270326
41927CB00009B/1873